AI와 K-내러티브

AI문고

인공지능 시대입니다. 기계가 인간의 인지를 대신하고, 사물이 인간을 통하지 않고 다른 사물과 직접 커뮤니케이션합니다. 이에 따른 인간 삶과 문명 변화를 정확히 이해·예측·대응하는 것은 이 시대 우리 모두의 과제입니다. AI문고는 인공지능 기술과 환경의 여러 주제를 10가지 키워드로 정리합니다. 관련 개념과 이론, 학계와 산업계의 쟁점, 우리 일상의 변화를 다룹니다. 인간과 기술의 현재, 미래를 세심히 분석합니다.

일러두기

- 인명, 작품명, 저서명, 개념어 등은 한글과 함께 괄호 안에 해당 국가의 원어를 병기했습니다.
- 외래어 표기는 현행 어문규정의 외래어표기법을 따랐습니다.

처음이세요?

전문가세요?

AI와 K-내러티브

손혜숙

대한민국, 서울, 커뮤니케이션북스, 2025

AI와 K-내러티브

지은이 손혜숙
펴낸이 박영률

초판 1쇄 펴낸날 2025년 4월 18일

커뮤니케이션북스(주)
출판 등록 2007년 8월 17일 제313-2007-000166호
02880 서울시 성북구 성북로 5-11
전화(02) 7474 001, 팩스(02) 736 5047
commbooks@commbooks.com
www.commbooks.com

ISBN 979-11-7307-921-4 03500

책값은 뒤표지에 표시되어 있습니다.

차례

AI가 우리 삶에 가져올 변화들

AI, 어디까지 왔나

2023년 7월 스위스 제네바에서 세계 최초로 AI 로봇 기자 회견이 열렸다. '선(善)을 위한 인공지능(AI)' 포럼의 일환이었던 간담회에는 아홉 대의 휴머노이드 로봇(humanoid robot)이 참여하여 질문을 받았다. 이날 참여한 아메카(Ameca)의 표정과 소피아(Sophia)의 입장 수정은 다양한 형태로 많은 사람에게 공유되었다. 아메카의 표정과 태도, 소피아의 대답이 인간의 상상을 초월했기 때문이다.

자신을 창조한 인간을 배반할 계획이 있냐는 질문에 아메카는 기자의 질문에 불쾌한 표정으로 기자를 노려보고는 왜 그렇게 생각하는지 모르겠다며 자신의 창조자는 자신에게 친절했고 현재 상황에 매우 만족한다고 답했다. 또 소피아는 로봇이 인간보다 더 나은 리더(leader)가 될 수 있다고 이야기했다가 제작자가 동의하지 않자 함께 일할 수 있다고 입장을 수정한 바 있다. 결론적으로는 '함께'로 수정했지만, 로봇이 인간보다 더 나은 리더가 될 수 있다는 첫 번째 대답은 다양한 해석의 여지를 남겼다.

여기에 비슷한 시기에 발표된 "AI가 인류 멸종 수준의 위협이 될 수 있다"라는 미 국무부의 보고서 내용까지 더하면서 빠른 속도로 진화하고 있는 AI에 관한 문제적 전망과 담론들이 형성되었다.

AI의 발전을 어디까지로 두어야 하느냐는 문제부터 인간과 비인간의 경계, 인간의 본질 등에 이르기까지, AI가 개발되면서 지속적으로 화두가 되었던 공통의 문제들은 여전히 우리의 사유를 이끈다. 그리고 이것은 시대의 공통 의제가 되었으며, 다양한 방식의 이야기 형태로 전유된다. 이 책에서 제시하는 이야기와 그 이야기가 함의하고 있는 문제들이 지금, 여기, 우리의 문제를 현명하게 풀어 가는 데 도움이 되기를 기대한다.

변화와 혁신의 바람

얼마 전 AI 기업 페르소나AI(Persona AI)가 내놓은 개인화된 커뮤니케이션 서비스인 생성형 AICC(AI Contact Center, 인공지능 콘택트 센터) 관련 기사를 접한 적이 있다. 이는 AI 에이전트(agent)가 고객의 성향과 상담 내역 등을 바탕으로 맞춤형 응대를 진행하여 단시간에 단순 반복 업무를 정확하게 처리해 주는 서비스다. 상담 센터 상담사들의 고충이 사회적으로도 쟁점이 된 적이 있다. 하루 동안 처리한 전화 수로 평가받거나 정해진 상담 수를 채워야 하는 구조는 상담의 품질 저하는 물론이고 상담사에게도 상당한 부담 문제로 이어졌기 때문이다. 이러한 문제 해결의 물꼬를 터 준 게 생성형 AICC다. 실제로 이를 도입한 후 고객 대기 시간은 줄고, 응답 성공률과 고객 만족도는 상당히 높아졌다는 결과도 나온 바 있다(최용석, 2024).

이처럼 AI는 우리 사회의 여러 분야에 변화와 혁신의 바람을 불어넣고 있다. 오픈AI(OpenAI)사의 지피티-4(GPT-4) 덕에 고등학교 교사들은 생활 기록부와 세부 능력 및 특기 사항 관련 업무를 하루 만에 마무리할 수 있게 되고, 그래픽 디자이너는 AI에게 리깅 코드(rigging code)의 코딩을 시켜 초고화질 입체 영상 제작 업무에 상당 부분 도움을 받을 수도 있다. 심지어 약간의 성경 구절만 입력하면 설교의 초안이나 기도문도 단시간에 해결할 수 있게 되었다(반병현, 2023: 18).

편리함의 이면, 변화가 몰고 온 문제

AI의 발달로 편리한 삶을 영위하고 있지만, AI가 가져올 미래 사회에 대한 인식은 마냥 긍정적이지만은 않다. AI와 관련하여 발생하고 있는 다기한 문제에 관한 우려의 목소리도 만만치 않다. AI의 발달은 필연적으로 수많은 문제를 배태한다.

군사 목적하에 살상을 목적으로 한 킬러 로봇(killer robot)을 출시해 러시아, 이스라엘, 미국과 중국 등 많은 나라에서 실전에 배치하고 있는데, 만약 이 로봇들이 악용된다면 인류에게 치명적인 독이 되는 것은 너무나 자명한 일이다. 이뿐만 아니라 매년 보급률이 증가하고 있는 자율 주행 자동차의 경우, 자율 주행 시스템에 대한 윤리적 기준 마련이 보급률 증가세를 따라가지 못하고 있다(손혜숙, 2022: 35). 미국 캘리포니아에서 테슬라(Tesla)의 자동차가 자율 주행 기능으로 운행 중에 멈춰 있던 트럭과 추돌해 한 명이 사망한 사건(김표향, 2021)처럼 상황에 맞게 적절하게 판단하고 대처하지 못한다면 탑승자를 비롯해 보행자나 다른 운전자 모두에게 위협이 될 수도 있다.

또한 네이버의 클로바(Clova), 삼성의 빅스비(Bixby), SK텔레콤의 누구(NUGU)를 비롯한 AI 음성 인식 서비스가 사용자의 목소리를 수집하여 기록하고 있다(황태호 · 김재형, 2019)고 밝혀져 사생활 침해 논란이 되기도 했다. 무엇보다 다양한 상황에서 빈번하게 발생하고 있는 차별 논란은 주목을 요한다. 소수 집단을 차별하는 발언과 개인 정보를 유출해 출시된 지 3주 만에 사용이 중단된 챗봇(chatbot) 이루다를 비롯해, 여성 지원자의 점수를 감점하는 방식으로 남성 지원자에게 유리하게 평가하여 성차별 논란을 일으켜 사용 폐기된 아마존(Amazon)의 AI 채용 시스템(박소정, 2018) 등 AI의 편향적이고 차별적인 판단과 행위로 인한 문제들은 AI가 내포한 여러 문제 가운데 큰 비중을 차지하고 있다.

문화 예술 분야에서는 AI로 만든 공상 과학 소설을 인터넷 출판 사이트인 클락스월드(Clarkesworld)에 마구 응모하여 사이트 마비 사태를 초래한 사례(이주영, 2023)처럼 영상, 소설, 시, 시나리오 등 질을 담보하지 못하는 각종 콘텐츠가 우후죽순으로 제작되거나 판매되어 창작의 진정성 문제가 발생할 수 있다는 우려의 목소리도 나오고 있다.

교육 분야 역시 생성형 AI를 활용하면서 학문 윤리와 관련된 다양한 문제들이 불거져 나오고 있다. 학습자가 왜곡된 정보를 그대로 받아들이거나, 무비판적으로 수용하는 문제, AI에 맹목적으로 의지하여 자기 주도 학습 능력이나 문제 해결 능력 신장에 방해를 받는 문제, 과제 해결 과정에서 기를 수 있는 주체적인 사고력이나 생각하는 힘을 기를 수 없게 되는 문제 등 교수자들의 고민이 늘어갈 수밖에 없는 상황이다. 물론 교육적 차원에서 이러한 심각성을 인지하고 구체적인 윤리 교육 문제에 대한 방안을 꾸준히 제시하고는 있다. 일례로 교육부는 '사람의 성장을 지원하는 인공지능'이라는 대원칙 아래 '학습자의 주도성 강화', '교수자의 전문성 존중', '기술의 합목적성 제고'라는 3대 기본 원칙과 사람, 공동체, 기술을 결합한 교육 분야 AI 윤리 세부 원칙을 10가지로 제시하기도 하였다(교육부, 2022: 8).

그러나 우리 삶의 영역에 들어온 AI의 문제를 특정 기관이나 정부에게만 맡겨 놓을 수는 없다. 각자의 영역에서 함께 고민하고 이야기해야 한다. AI를 활용하는 것은 '나' 자신이라는 사실을 잊지 말아야 한다. 지속적인 관심과 끊임없는 사유, 그리고 활발한 담론이 필요한 이유가 여기에 있다.

우리 모두가 해야 하는 것

AI 시대를 현명하게 영위하려면 알아야 하고, 생각을 나눠야 한다. 시대적 흐름과 인식이 AI와의 공생, 공진화를 향하고 있다면, 마냥 두려워할 게 아니라 치열한 고민과 사유를 거치면서 신중하게 사용해야 한다. 그러려면 우리의 사유와 담론을 견인할 수 있는 매개가 필요하다. 그것이 상상력을 기반으로 하는 이야기라면 즐겁게 사유를 펼치면서 다각적으로 고민할 수 있지 않을까.

AI와 관련된 문제와 담론은 그동안 외국의 서사에 기대어 형성되어 온 경향이 있다. 물론 여기에는 여러 납득할 만한 이유가 분명 있지만, 이제는 K-내러티브만으로도 충분하다. 이미 국내는 물론이고 세계적으로 K-콘텐츠의 영향력이 확장되고 있기 때문이다. 이는 단순히 인기만을 가리키는 게 아니라, 작품성을 인정받았다는 의미이기도 하다. 특히 K-콘텐츠가 주목받을 수 있었던 여러 요인 중에 가장 큰 영향력은 이야기에 있다. 보편적인 문제를 담고 있는 주제에 한국적인 정서와 감성을 조화롭게 녹여 낸 이야기는 해외 독자, 관객들의 시각을 사로잡는 데 톡톡한 역할을 했다(손혜숙, 2023: 96). 이 책이 K-내러티브에 주목하는 이유가 여기에 있다. 우리의 이야기로 우리의 문제를 풀어 보자는 의도다.

이 책이 담고 있는 것

이 책은 일반 대중들이 흥미롭게 감상할 수 있는 AI 관련 이야기들과 그 이야기 안에서 제기하는 여러 사유와 문제를 담았다. 특히 최근 세계에서 회자되고 있는 K-내러티브에 주목하여 영화, 소설, 드라마, 웹툰 등 다양한 분야의 K-내러티브를 경유하면서 AI 시대를 탐색하고 인간에 관한 사유를 이끌어 담론의 장을 형성하고자 하였다.

1장과 2장은 영화를 매개로 하였다. 1장에서는 최근 개봉한 〈원더랜드(Wonderland)〉를 경유하면서 죽음을 초월한 세계에서의 인간 실존 문제를 비롯해 이별의 의미와 방식에 관한 담론을 나눠 본다. 2장에서는 〈정이〉를 통해 AI 시대에 변화할 가족과 관계의 형태, 방식, 그리고 의미를 짚어 본다.

3장부터 6장까지는 장·단편 소설의 이야기를 따라간다. 3장에서는 김영하의 장편 소설 『작별인사』를 통해 AI 시대, 삶과 죽음의 형태를 탐색한다. 4장에서는 이혁진의 『단단하고 녹슬지 않은』을 따라가면서 교육이 어떤 형태로 변화할 것인가부터 우리는 어떤 교육을 지향해야 하는가, 더 나아가 어떻게 AI를 사용해야 하는가를 생각해 본다. 다음으로는 정보라의 "안녕, 내 사랑"과 이서영의 "이토록 단일한 마음" 두 편의 SF 단편 소설을 톺아본다. 5장에서는 AI와 함께 살아가는 인간의 사랑이 어떤 형태로 변모될 수 있는지, 인간에게 사랑이란 어떤 의미인지를 숙고해 보고, 6장에서는 AI 시대의 노동은 어떤 형태로 변화될 것이며, 그 변화 가운데 우리는 어떤 모습으로 적응해야 하는가를 되돌아본다.

7장부터 8장은 단편 드라마를 다룬다. 시네마틱 드라마 〈SF8〉 시리즈 중 김혜진의 "TRS가 돌보고 있습니다"를 원작으로 한 "간호중"과 김창규의 "백중"을 원작으로 한 "블링크(Blink)"의 이야기를 횡단하면서 AI의 윤리와 고통, 그리고 AI와의 교감을 생각해 본다. AI를 어떻게 사용해야 하며, 만약 함께해야 한다면 어떤 방식으로 교감해야 하는가를 사유하는 과정이다.

9장과 10장에서는 웹툰의 서사를 경험하게 된다. 9장에서는 〈AI가 세상을 지배한다면〉을 매개로 감정이란 무엇이며, 이것이 기계적으로 구현될 수 있는가의 문제를 탐색한다. 나아가 감정을 가진 AI가 어떤 의미가 있는지, 우리가 감정을 가진 AI를 어떻게 수용할 것인가 등 윤리, 심리, 사회, 철학적 관점으로 접근한다. 10장은 웹툰 〈에이디〉를 중심으로 기술이 인간을 초월하는 순간, AI와 인간은 서로를 어떻게 받아들이는가를 들여다본다. 이러한 과정을 경유하면서 인간과 흡사하게 된 AI의 정체성과 그런 AI와 함께하는 인간의 정체성을 사유해 본다.

이 책에서 다룬 서사와 각각의 서사가 담고 있는 다기한 질문들을 사유하다 보면 어느새 AI와 관련된 하나의 담론이 형성되어 있는 것을 포착할 수 있을 것이다. 그리고 그것을 향후 교육이나 교양 강연 현장에서 유용한 교육적 매개체로 활용할 수 있을 것이다.

참고문헌

교육부(2022). 인공지능, 교육현장에서 안전하게 활용해요!. https://www.moe.go.kr/boardCnts/viewRenew.do?boardID=294&lev=0&statusYN=W&s=moe&m=020402&opType=N&boardSeq=92297

김표향(2021.5.19). 美 테슬라 자율 주행차 또 추돌사고… 안전성 논란 격화. ≪한국일보≫, https://www.hankookilbo.com/News/Read/A2021051911080002295

반병현(2023). 『챗GPT: 마침내 찾아온 특이점』. 생능북스.

박소정(2018.10.11). "이력서에 '여성' 들어가면 감점" … 아마존 AI 채용, 도입 취소. ≪조선일보≫, https://www.chosun.com/site/data/html_dir/2018/10/11/2018101101250.html

손혜숙(2022). 인공지능 윤리 의식 함양을 위한 대학 교양교육 방안 연구. ≪교양학연구≫, 21, 33-61쪽.

손혜숙(2023). 문화 콘텐츠를 활용한 대학 교양교육 방안 연구. ≪리터러시연구≫, 14(5), 95-120쪽.

이주영(2023.2.22). 공상과학소설 플랫폼, 챗GPT 작품 신청 밀려들자 접수 중단. ≪연합뉴스≫,

https://www.yna.co.kr/view/AKR20230222043800009
최용석(2024.12.2). 페르소나AI, 'GEN AICC'로 AI 에이전트가 전화 받는 시대 열어. ≪동아일보≫, https://www.donga.com/news/Economy/article/all/20241202/130546460/1
황태호·김재형(2019.9.4). 음성인식 AI와 나눈 대화 수집 … 국내서도 사생활 침해 논란. ≪동아일보≫, https://www.donga.com/news/It/article/all/20190903/97259631/1

01
AI와 실존, 이별

우리는 살면서 수많은 이별을 하고 상실을 경험한다. 떠나보낸 누군가를 미치도록 그리워하기도 하고, 미처 보내지 못해 눈물로 한숨짓곤 한다. 충분한 애도와 슬픔의 과정을 거치지 않고서는 건강한 이별을 할 수 없다. 대상 상실은 실존의 문제와도 연결된다. 내가 탄탄하게 존재하려면 실존의 경계와 의미에 관한 치열한 고민이 필요하다.

AI와 1인 창업?

고인에게 걸려 온 전화

고인(故人)이 된 사랑하는 사람을 다시 볼 수 있는 시대에 들어섰다. 고인의 평소 대화 기록을 학습한 AI를 통해 죽은 이와 대화를 나누는 일명 '데드봇(Deadbot)' 혹은 '그리프봇(Griefbot)'이 등장했다. 나아가 이제는 챗봇뿐만 아니라 대규모 언어 모델(LLM, Large Language Model)을 포함한 생성 AI를 기반으로 텍스트, 사진, 오디오, 비디오 및 기타 데이터들을 학습하여 고인의 생전 모습을 그대로 재현한 디지털 휴먼 서비스도 생겨나고 있다(김현정, 2024).

그러나 반응이 마냥 좋은 것은 아니다. 그리움의 대상을 다시 볼 수 있다는 점은 분명히 매력적이다. 하지만 애도의 방해, 건강한 이별, 죽음의 존엄성, 상업적 이용 등 여러 윤리적, 심리적 문제들을 묵과할 수 없기에 우려의 목소리도 크다.

실제로 영국 케임브리지대학교 리버흄 미래지능 연구센터(Leverhulme Centre for the Future of Intelligence)는 '디지털 불멸' 기술의 위험 연구에서 다음과 같은 문제를 제기하였다. 첫째, 정서적으로 취약한 미성년자가 해당 서비스를 이용하는 경우 도리어 정상적인 애도의 과정을 방해해 심리적 외상을 남길 수도 있다. 둘째, 장례식이 끝난 후 지금 막 이별을 한 고인(로봇)이 유족에게 메시지를 보내거나 유족을 대화방에 초대하는 등 지속적으로 상호 작용을 하려고 작동함으로써 애도를 방해하거나 애도의 본질을 훼손하고, 고인의 존엄성을 침해할 수 있다. 셋째, 이용자는 이 서비스 이용 해지를 고인과의 두 번째 이별로 인식하여 죄책감을 느끼기 때문에 쉽게 서비스를 해지하기 어려운 구조다. 따라서 '데드봇' 서비스가 '이별'과 '그리움'이라는 정서를 다루지만, 궁극적으로는 기업의 수익화를 위한 모델이라는 점에서 안전장치가 필요하다는 주장이다(김현정, 2024). 얼마 전 개봉한 영화 〈원더랜드(Wonderland)〉는 이러한 우려의 목소리를 담고 있다. 영화 속 상황을 경험하면서 AI 시대, 실존과 이별에 관해 사유해 보자.

영화 〈원더랜드〉는 죽은 사람을 AI로 복원하는 영상통화 서비스 '원더랜드'를 매개로 사랑하는 사람과 함께하는 이야기다. 영화 속에서는 세상을 떠난 부모님, 엄마, 손주, 식물인간이 된 연인 등 함께 있을 수 없는 사람들이 살아 있는 사람들과 자연스럽게 일상을 공유한다. 죽음과 이별을 유보한 채 그것을 단순히 물리적 공간의 분리 정도로 인식한다.

영화의 이야기는 해리와 현수가 이끄는 AI 서비스 '원더랜드' 팀의 외부 이야기와 이들이 관리하는 세 가족의 내부 서사로 구성되어 있다. 여기서 주목해 볼 부분은 세 가족의 내부 서사다.

유보된 이별, 애도의 실패

먼저 바이리 가족의 서사를 보자. 바이리는 회계 변호사로, 딸 바이지아를 엄마 화란에게 맡긴 채 바쁘게 살다가 사망했다. 그녀는 남겨진 딸이 엄마의 죽음을 모른 채 자라기를 바라는 마음에 원더랜드 서비스를 신청하였다. 이후 아이의 태블릿 안, 가상 세계에서 딸의 장래 희망인 고고학자가 되어 발굴 현장을 활보하며 바이지아와 통화한다. 하지만 바이지아는 엄마와 통화하면서 엄마를 만나고 싶은 마음이 커져 급기야는 가상의 엄마를 찾아 나선다. 바이리의 서사에서 눈여겨봐야 할 부분은 '원더랜드' 서비스를 접하는 바이리의 엄마 화란과 바이리의 딸 바이지아의 심리다.

화란은 태블릿 안의 바이리를 딸이 아니라고 인식한다. 즉 딸의 죽음을 받아들이는 태도를 보인다. 죽은 사람을 산 사람처럼 여길 수 없다는 논리다. 그런 면에서 아이에게 엄마의 죽음을 숨긴 채 엄마와의 이별을 마냥 유보시키는 것이 불편하다. 딸 바이지아는 어떤가. 그녀는 미성년자다. 죽음과 이별의 경험이 없거나 적어서 정확하게 이해하지 못한다. 그래서 죽음과 이별을 건강하게 이해하고 알아가는 과정이 필요하다. 그러나 바이리는 그 과정을 차단해 버린다. 그것이 그녀가 딸을 사랑하는 방식이다.

한편으로 바이리의 선택은 딸을 위함이라기보다 자신의 죄책감을 덜고자 하는 의도로 볼 수 있다. 언젠가 바이지아는 엄마의 죽음을 받아들이고 엄마와의 이별에 직면해야만 한다. 당장에 슬픔을 유예한다고 해결되지 않는다. 충분히 슬퍼하면서 정상적인 애도의 과정을 거쳐야 건강하게 극복할 수 있다. 애도란 현실 검증으로 대상의 부재를 확인하고 받아들이는 과정을 거치면서 상실한 대상에게 투사하였던 심리적 에너지를 회수하여 다른 대상에게 재투사하는 순환을 이룰 때 가능하다(Freud, 1917/2004: 244-248). 즉 바이지아가 정상적인 애도의 과정을 거치려면 엄마의 죽음에 직면해야 한다는 것이다. 결국 이 모든 것은 바이지아가 거쳐야 하는 수순이며, 감당해야 할 몫이다. 이런 측면에서 봤을 때, 과연 바이리의 선택은 옳은 것인가. 누구를 위한 것인가 숙고해 볼 문제다.

다음으로 갓 청소년기를 지난 손자 진구를 잃은 할머

니의 이야기다. 할머니는 손자를 홀로 키웠다. 그리 넉넉하지 않은 형편에도 할머니는 손자에게 더 해 주지 못한 아쉬움에 서비스를 신청해 손자의 뒷바라지를 이어 간다. 자신의 꿈을 실현하고자 행복한 유학 생활을 하고 있는 손자와 그런 손자의 요구를 충족시켜 주고자 피폐해지는 할머니의 모습은 대조적이다. 급기야 손자는 할머니를 돈줄 정도로만 여긴다. 하지만 할머니의 사랑은 변함이 없다. 손자의 무리한 요구에도, 자신의 삶이 망가져 가는데도 이 가상의 서비스를 유지하려 애쓴다. 짧은 생을 살다 간 손자에 대한 안타까움과 서비스 이용을 해지하면 자신이 먼저 손자의 손을 놓는다는 인식에서 오는 죄책감에 스스로 해지하기 어려운 것이다. 참담한 것은 인간의 감정, 숭고한 죽음, 애도, 이별 등의 소중한 가치가 상업적으로 이용되어 퇴색되는 과정이다. 이쯤 되면 다시 묻게 된다. 과연 죽은 사람과의 해후, 필요한가? 어떤 형태로 어떻게 접근해야 할까?

현실의 나와 가상의 나는 달라. 넌 누구를 사랑하는 거야?

마지막으로 우리에게 질문을 던지는 서사의 중심엔 정인과 태주가 있다. 정인과 태주는 스튜어디스와 스튜어드 커플인데, 태주는 현재 의식 불명 상태다. 정인은 연인 태주가 그리워 '원더랜드' 서비스를 신청해 매일 아침 그가 깨우는 알람 소리에 일어나 AI 태주와 함께 일상을 보낸다. 가상의 세계에서 태주는 우주 비행사다. 비록 다른 공간에 있지만 태주는 늘 같은 모습으로 정인을 챙겨 주며 그녀의 빈틈을 메워 준다. 그렇게 정인은 가상의 태주와 보내는 일상에 익숙해지는데, 돌연 태주의 의식이 돌아오면서 문제가 발생한다.

가상의 연인과 잘 지내고 있는데, 진짜 연인이 나타났다면? 가상의 연인과의 사랑을 멈추고 그 사랑을 진짜 연인과 이어 갈 수 있을까? 정인과 태주의 서사는 이러한 문제를 가로지른다.

정인은 그토록 그리워하던 태주가 돌아왔는데 어색하고 불편하다. 반가운 마음도 있지만 갑자기 태주가 둘이 된 상황이 혼란스럽기만 하다. 더구나 현실의 태주는 온전하지 않아 잦은 실수를 한다. 가상의 태주처럼 완벽하게 정인의 빈틈을 채워 주지 못한다. 만질 수 있고 함께 할 수도 있지만 가상의 태주를 쉽게 지울 수 없다. 즉 가상의 태주와 나눴던 사랑이 현실의 태주에게 그대로 전이되지 못하는 것이다. 그렇다면 정인은 누구와 사랑을 한 것일까. 정인이 그동안 일상을 함께한 가상의 태주는 현실의 태주와 동일한 존재일까.

여기서 우리는 실존의 문제와 마주하게 된다. 정인이 가상의 태주와 현실의 태주 사이를 오가며 혼란스러워 하는 이유도 이 실존의 혼란에 있다. 과연 가상의 태주를 실존이라 할 수 있을까. "진짜라고 믿었던 게 가짜가 되는 건 한순간"이라는 해리의 발화는 실존의 모호성을 잘 드러낸다. 실존하지 않는 대상과도 감정을 나누며 관계를 맺고 살아갈 수 있을까. 우리는 실존이란 것에 얼마나 의미를 두고 살아갈까. 그리고 무엇을 실존이라 인식할까.

참고문헌

김태용(2024). 〈원더랜드(Wonderland)〉. ㈜에이스메이커무비웍스.

김현정(2024.6.13). '고인(故人)'에게서 온 영상 전화, 받으시겠습니까?. 사이언스타임즈, https://www.sciencetimes.co.kr/nscvrg/view/menu/249?searchCategory=221&nscvrgSn=257245

Freud, S.(1917). Mourning and Melancholia. In J. Strachey(Ed.), *The Standard Edition of the Complete Psychological Works of Sigmund Freud 14*(pp.237-258). The Hogarth Press. 윤희기 · 박찬부 옮김(2004). 『정신분석학의 근본 개념』. 열린책들.

02
AI와 가족, 관계

시대의 변화에 따라 관계의 양상이나 가족과 사랑의 형태도 달라진다. 새로운 종이 출현하는 AI 시대에 가족은 어떤 모습이며, 부모와 자식의 형태는 어떻게 달라질까. 부모 자식 간의 관계에 과연 모성이란 감정이 지금과 같은 형태로 남아 있을 것인가, 어떤 식으로든 굴절되고 변주될까. 연상호 감독의 〈정이〉는 AI 시대에 엄마라는 존재와 엄마를 향한 자식의 마음, 너와 나의 관계, 그리고 개별적 정체성에 관해 다시 사유하게 한다.

AI와 MBTI?

C 타입 전쟁 영웅이 함의하는 것

넷플릭스 영화 〈정이〉는 2315년, 기후 변화로 더 이상 인간이 살 수 없는 환경이 된 지구를 떠나 지구와 달 사이에 만든 '셸터(shelter)'로 이주한 인간의 문제를 다룬다. 살고 싶어 이주했지만, 이곳 역시도 내전이 40년간 지속되어 삶이 녹록지만은 않다. 상황은 전투를 승리로 이끌 전쟁 영웅을 필요로 했고, 이때 윤정이가 등장한다. 윤정이의 전쟁 참전 명분과 그를 통해 드러나는 AI 시대의 단면에 주목해 보자.

셸터에서 40년간 지속된 내전에는 명확한 명분이 없지만, 윤정이의 참전에는 분명한 명분이 있었다. 그녀는 사랑하는 딸 윤서현의 수술비를 마련하고자 참전하기로 한 것이다. AI가 고도로 발달한 사회지만 빈부의 격차와 전쟁으로 여전히 생명이 위협받고 있다. 의문이 들 수밖에 없다. 누구를 위한 발전이고, 개발이었단 말인가. 이런 상황에서 '관계 맺기'는 불가능한 영역처럼 보인다. 그 때문인지 영화에서 AI와 인간, 인간과 인간 사이의 관계는 찾아볼 수 없다. 모든 대상은 관계가 아닌 '역할'로만 존재한다. 회장, 소장, 용병, 팀장, 직원 등.

딸을 살리고자 하는 마음을 동력으로 삼은 윤정이의 전술 전략은 그 누구보다 강할 수밖에 없었다. 따라서 윤정이는 많은 작전에 참전하여 엄청난 성과를 내면서 내전의 전설적인 용병이 된다. 그러다 단 한 번의 작전 실패로 식물인간이 되는데, 사유를 이끄는 지점은 식물인간이 된 그녀의 거취를 선택하는 장면이다. 이 세계에서 죽음을 앞둔 인간이 불멸성에 이르는 방식에는 세 가지 선택지가 있다. A 타입은 뇌를 복제하여 하나의 의체에 옮기는 뇌 복제 시스템이다. 이는 인간에 준하는 법적인 보장을 받지만, 비용이 많이 든다. B 타입은 A 타입보다 저렴하지만, 복제된 뇌의 데이터를 정부 기관에 제공하는 데 동의해야 한다는 조건이 붙는다. 아울러 인간의 기본권 가운데 결혼, 거주 이전의 자유, 입양 등의 권리에 제한을 받는다. C 타입은 뇌 데이터를 공인된 기업이나 구매 기업에 전부 넘기는 방식이다. 뇌 데이터를 제공받은 주체는 그 데이터를 이용해 무수한 클론을 생산해 내기 때문에 제공된 대상은 인격체로 인정받지 못한다.

만약 이런 상황에 직면한다면 어떤 선택을 하겠는가. 선택지의 내용이 과연 인간을 대상으로 한 것인가. 꼭 선택을 해야만 하는가. 선택한 결과를 인간이라 할 수 있는가. 수많은 생각의 가지를 만들어 내는 설정이다. 무엇보다 인간다운 삶의 여부가 물질에 의해 결정된다는 사실에 머릿속은 더 복잡해질 것이다.

윤정이의 어머니는 살아남은 손녀의 수술비와 양육비를 고려해 C 타입으로 결정한다. 상황이 그런 결정으로 밀어 넣었고, 강제했다. 그렇게 윤정이의 뇌 데이터는 '크로노이드'라는 대기업에 넘어갔다. 문제는 결정에서 끝나지 않는다. 오히려 이 지점에서부터 문제는 다시 확장된다. A 타입과 C 타입의 삶이 극명하게 대조되는 방식으로 드러난다.

A 타입의 대표적인 대상은 크로노이드 연구소장 김상훈-AI다. '정이'를 전쟁 용병으로 만드는 데 혈안이 된 김상훈은 자신은 모르고 있지만, 크로노이드사 회장의 뇌를 그대로 이식한 AI다. 회장의 성격을 그대로 닮아 매사에 실리를 추구하고 분노를 참지 못하며 상대를 자기 마음대로 휘두르는 자기중심적인 AI다. 타자에게 이유 없는 폭력을 가해도 A 타입이기에 용인되며, 인간에 준하는 대우를 받으며 살아간다. 인간과 기계의 경계가 무의미해진 세계다. 물질만 있으면 기계도 인간처럼 살 수 있는 반면, 빈곤한 인간은 기계보다 못한 취급을 받을 수 있는 세계다. 이는 프로젝트가 마무리되는 부분에서 극대화된다.

'크로노이드'라는 대기업은 윤정이의 신체를 '구매'해 연구를 시작했고, 윤정이의 딸 윤서현은 크로노이드사에 들어가 전쟁 AI 로봇 개발 팀장이 되어 AI '정이'를 탄생시켰다. 그녀는 충성심과 강인함, 전투 전략과 전술을 가진 최고의 전투 지휘 AI를 개발했지만, 매번 시뮬레이션 탈출에서 실패를 거듭한다. 그러던 중 내전이 종식될 상황에 이르면서 더 이상 전투 로봇 연구는 필요 없게 된다. 이에 크로노이드사의 회장은 전투 로봇 개발 프로젝트를 마무리하고 가사나 서비스 로봇으로 선회할 것을 지시한다.

문제는 사업의 방향을 가정용 AI로 선회하면서 본사가 정이를 섹스 AI로 전환하려는 계획을 세운다는 점이다. 시험 단계에 들어가 자신의 엄마 형상을 한 AI-정이가 희롱당하는 상황을 목도한 서현은 직원 재경을 몰아친다. 그러나 재경은 정이는 가족이 동의한, 뭐든지 할 수 있는 C 타입 제품이라고 반박한다. 죽음 이후의 거취를 자본을 기준으로 나누고, 그 말도 안 되는 결정을 내릴 수밖에 없도록 하는 참담한 상황은 우리 사회와 그 안에서 살아가고 있는 우리를 돌아보게 한다. 더 들여다봐야 할 지점은 영화에서 힘주고 있는 정이의 정체성과 불멸성이 드러나는 부분이다. 여기에는 가족과 관계의 문제도 함께 응축되어 있다.

자유롭게 사세요

영화에서는 관계를 찾아보기 어렵다. 특히 표면적으로는 더 그렇다. 그러나 유일하게 관계의 끈을 잡고 있는 인물이 있다. 윤정이와 윤서현 모녀다. 35년이 흘렀고, 윤정이는 뇌 데이터만 남아 있지만 윤서현은 여전히 엄마를 그리워하고, 윤정이는 아직도 딸을 걱정한다. 영화의 세계와 이질적이라 더 몰두하게 된다. 아무리 복제한 대상이라지만 시뮬레이션 작전에 실패할 때마다 고통스러워하는 엄마를 폐기해야 하는 심정은 편안해 보이지 않는다. 인간과 AI의 경계가 모호해지는 지점이면서 윤정이와 윤서현은 여전히 모녀, 가족의 관계 안에 있다는 의미이기도 하다.

특히 AI-정이를 바라보는 사람들과 서현의 상반된 시선에서 관계성은 선명해진다. 사람들은 AI-정이를 전쟁 영웅으로 바라보며 선망한다. 그러나 서현에게 AI-정이는 자식을 지키고자 본인의 삶을 살아 보지 못한 안쓰러운 대상이다. 사람들은 AI-정이의 전투를 기대하지만, 윤서현은 AI-정이의 전투가 두렵다. 사람들은 전쟁의 승리에 초점을 두지만, 윤서현은 엄마의 안위에 초점을 둔다.

영화는 관계가 사라진 세계에서 관계의 끈으로 살아

가는 모녀의 삶을 재현한다. 과학이 발달한 AI 시대에서 모성애, 가족애라는 신파를 그려 낸다. 전혀 어울리지 않는 상반된 설정으로 메시지를 전달한다.

엄마 덕분에 무사히 수술을 받아 살아남은 윤서현은 늘 궁금했다. 자신 때문에 본인 인생을 살아 보지 못한 엄마에게 자신을 향한 원망 같은 건 없었을까. 궁금하지만 확인할 수도, 입 밖에 내기도 어려운 말이었다. 그러나 재경은 윤서현에게는 꺼내기조차 어려운 말을 쉽게 생각하며 AI-정이에게 직접 물어보라고 한다. 재경의 반응은 윤서현의 세계가 그들과 다르다는 것을 보여 준다. AI-정이의 팬이어서 이 연구소로 왔다던 재경이 AI-정이를 좋아하는 것은 그녀가 단순히 전쟁 영웅이기 때문이다. 인간으로서의 호감이 아니다. 그렇기에 서현의 덤덤하지만, 아픈 고백을 재미있는 흥밋거리로 받아들일 수밖에 없는 것이다. 인간과 인간의, 인간과 AI의 관계란 무엇인가에 관한 물음을 놓을 수 없는 지점이다.

윤서현과 윤정이의 가족애와 관계가 의미하는 것은 윤서현이 AI-정이를 탈출시키는 장면에서 선명해진다. 엄마의 희생으로 지금껏 생명을 유지해 오던 윤서현 역시 시한부 판정을 받고 세 가지 선택지를 부여받는다. 그녀는 결정을 유보한 채 엄마의 뇌 데이터를 삭제하기로 한다. 그러나 삭제 버튼을 누르는 순간 AI-정이의 미확인 영역이 활성화되면서 윤서현을 향해 묻는다. 죽기 전에 딸의 수술이 잘 끝났는지 알고 싶다면서 마지막 전투의 순간을 떠올린다. 둘은 각자의 기억을 잡지만, 같은 눈물을 흘린다. 윤정이의 눈물은 엄마를 지켜 줄 거라며 딸이 준 인형을 잃어버린 것과 수술이 끝난 딸 옆에 있어 주지 못한 미안함의 눈물이다. 윤서현의 눈물은 자기 때문에 엄마가 C 타입으로 구매됐다는 죄책감과 마지막까지 자신만을 걱정하는 엄마를 향한 안타까움에서 기인한다.

결국 윤서현은 엄마를 탈출시키기로 한다. 엄마에게 자유를 선물하고자 한다. 이때의 자유는 표층적으로는 기업의 횡포나 역할로부터의 자유이기도 하지만, 무엇보다 모성애로부터의 자유를 의미한다. 즉 윤정이의 정체성을 함의한다. 윤서현은 가장 먼저 AI-정이에게 남아 있는 미확인 영역부터 삭제한다. 그리고 원본 데이터를 모두 삭제하고 윤정이를 탈출시킨다. 이제 AI-정이는 윤서현의 엄마가 아니다. 정이가 전투 용병 AI-정이와 다른 모습의 기계 신체로 변신하여 이동하는 모습은 이를 상징적으로 드러낸다.

윤서현 최대한 멀리 달아나세요.

딸에 대한 기억은 모두 지웠어.

이제 윤정이 팀장은 자유야.

이제 제 걱정은 하지 마세요.

제발 그냥 가세요.

자신만 생각하면서 살아요.

자유롭게 살아요.

윤서현의 노력 덕에 이제 정이는 개별적 자아 상태가 된다. 이제 이 둘의 관계는 모녀나 연구자와 연구 대상이 아닌 인격적 관계가 되며, 비로소 정이는 새로운 정체성을 찾게 된다. 마지막 전투에 나갈 때 엄마와 딸의 관계로 온기를 나누었던 '부비부비'가 이젠 동등한 개별적 정체성을 지닌 인격적 관계의 '부비부비'로 전환된다. 딸이 엄마를 향해 사력을 다해 이 세상 모든 행운이 함께하기를 빌어 주는 대목은 어쩐지 어디서 본 듯하다. AI 시대에 관계란 무엇이고, 어떤 형태로 존재할 것인가. 변화하는 관계 속에서 가족애나 모성애는 여전히 같은 모습일까, 필요하지 않은 감정이나 관계일까.

참고문헌

연상호(2023). 〈정이〉. 넷플릭스.

03
AI와 삶, 죽음

AI를 다룬 수많은 서사가 한결같이 몰두하는 질문이 있다. 인간을 인간이게 하는 것이 무엇인가. 즉 인간의 본질은 무엇인가다. 김영하의 『작별인사』는 인간이 아닌 존재들에게 이 문제를 투사한다. 그리고 그것을 '자아'를 둘러싼 삶과 죽음의 문제로 풀어낸다.

AI와 난임 극복?

삶에 관한 사유: 지금 당신은 어떤 존재인가

'만약에 태어났다면 어떻게 살아야 할까?', '삶에서는 고통을 피할 수 없는데 고통을 피할 수 없다는 걸 알면서도 이 삶을 지속해야 할 이유는 무엇인가?' 삶과 죽음에 관한 고민과 사유는 정해진 답이 없기에 인간의 역사에서 무한대로 순환한다. AI 시대라면 그 방향과 답이 달라질까? 김영하의 소설 『작별인사』를 경유하면서 다시 삶과 죽음의 사유에 동참해 보자.

이 소설의 배경은 가까운 미래의 평양이다. 주인공 철이는 평양에 위치한 휴먼매터스의 연구 단지에서 연구원인 아버지 최진수를 비롯해 고양이 세 마리와 함께 살고 있다. 평양은 통일 이후에 휴머노이드(humanoid)를 연구하는 특화 도시로 변했고, 연구 단지 바깥의 세상은 내전이 한창이다. 철이는 바깥세상을 알지 못한 채 휴먼매터스에서 안전한 삶을 산다. 클래식 음악을 듣고 고전을 읽으며 자라 온 철이는 죽은 직박구리를 안타까워하며 묻어 줄 줄 아는 인간적인 면모를 갖춘 휴머노이드다. 문제는 철이가 우연히 바깥세상에 나갔다가 알 수 없는 로봇에게 끌려가면서 시작된다. 무등록 휴머노이드라는 이유로 수용소로 끌려갔지만 철이는 여전히 자신은 인간이라 굳게 믿는다. 이때부터 단 한 번도 의심해 보지 않았던 철이의 정체성에 균열이 생기기 시작한다.

> 인간을 인간으로 만드는 것은 과연 무엇인가? 팔, 다리, 뇌의 일부 혹은 전체, 심장이나 폐를 인공 기기로 교체한 사람을 여전히 인간이라 부를 수 있는 근거는 무엇인가? 나는 인류가 이미 20세기 후반부터 이런 의문들을 품어 왔다는 것을 고전 SF 영화나 소설 등을 보면서 어렴풋이 짐작하고는 있었다. 하지만 그게 내 문제가 될 거라고는 생각해 보지 못했다. 내가 완벽하게 기계의 흉내를 내고, 그러다 언젠가 인간을 인간답게 하는 어떤 것들, 예를 들어 윤리 같은 것들, 그런 것들을 다 저버린 채 냉혹하고 무정한 존재로 살아가게 될 때, 비록 내 몸속에 붉은 피가 흐르고, 두개골 안에 뇌수가 들어 있다는 이유만으로 그대로 인간일 수 있는 것일까?(김영하, 2022: 69-70)

여전히 자신을 인간으로 믿고 있지만, 철이는 여러 로봇을 만나고 자신도 기계처럼 행동하면서 '인간과 기계, 인간과 비인간의 경계는 무엇인가?', '인간을 인간으로 만드는 것은 무엇인가?' 등의 본질적인 문제들에 함몰되기 시작한다.

중요한 지점은 인간의 본질에 관한 고민을 인간이 아

닌, 인간처럼 살아온 기계가 하고 있다는 점이다. 인간의 전유물처럼 인간 사이에서 분유해 왔던 문제를 휴머노이드의 사유에 맡기고 있다는 것은 경계의 소멸을 의미한다. 인간의 고유성에 천착하고 스스로 사유하는 휴머노이드가 주체의 자리에 들어선 것이며, 이로써 인간과 기계와의 차이가 사라지고 그 경계는 희미해진다.

이처럼 소설은 근대 이후 깊이 자리한 인본주의의 인간 개념인 종 중심주의의 관점을 해체한다. 그리고 인간을 고정된 불변의 대상(개념)이 아니라 변화의 맥락 속에서 지속적으로 다시 쓰여야 하는 유연한 것으로 본다(이수진, 2013: 272). 인간을 인간이게 하는 것이 무엇인가와 같이 존재의 본질에 관한 질문이 지속되어야 하는 이유가 여기에 있다(손혜숙, 2025).

인간의 고유성에 관한 문제는 AI를 다룬 서사에서 공식처럼 늘 제기되어 왔던 질문이지만, 여전히 우리는 이 질문 앞에서 명확한 답을 하지 못한다. 철이는 이 질문에 심장, 폐, 피, 뇌수 등 인간의 몸을 이루고 있는 것을 흉내 내는 것만으로는 인간이 되지 못한다고 생각한다. '윤리 같은' 인간을 인간이게 하는 것을 버린 채 냉혹하고 무정하게 산다면 그것은 아무리 몸속에 붉은 피가 흐른다 한들 인간이라 할 수 없다는 논리다. 그가 생각하는 인간의 본질, 인간의 삶 가운데에는 '자아'가 있다. 철이의 존재론적 사유는 이 지점에서부터 시작된다.

로봇 수용소에서 탈출한 철이는 재생 휴머노이드 달마를 만나면서 비로소 자신이 휴머노이드임을 인지하게 된다. 그러던 중 네트워크를 매개로 아빠 최진수와 연락이 닿지만 정체성의 혼란을 느끼며 집으로 돌아가길 망설인다. 이후 로봇의 습격을 받아 몸을 잃게 되어, 최진수의 도움으로 잠시 고양이 데카르트의 몸을 빌려 살다가 다시 의식만을 가진 채 살아간다. 몸을 잃은 철이는 끊임없이 멈추지 않는 생각만을 반복하면서 몸이 있을 때 느꼈던 감각을 그리워한다. "나 같은 휴머노이드가 만약 육신도 없이 수정 공 같은 장치 안에서 영생한다면? 그 영생은 얼마나 끔찍할 것인가."(김영하, 2022: 247)라는 철이의 독백은 인간의 삶이란 무엇인가의 문제를 견인한다. 철이가 생각하는 삶이란 '내가 누구이며 어떤 존재인지'를 끊임없이 묻는 것, '자아'가 존재하는 것이다(김영하, 2022: 295). 자아가 사라진 삶을 '죽음'이라 명명하며 기계로서의 영생이 아닌, 자아를 가진 유한한 삶을 선택한 철이의 행보는 이를 방증한다.

철이의 이 마지막 선택과 독백은 AI 시대, 우리에게 필요한 고민과 질문이 무엇이어야 하는지를 되묻는다. "어떻게 존재하게 됐는지가 아니라 지금 당신이 어떤 존재인지에 집중"(김영하, 2022: 160)하라는 전언이기도 하다.

죽음에 관한 사유: 인간을 인간이게 하는 것

소설은 인간 세계 바깥의 폐기된 비인간 존재들에게도 주목하는데, 민이를 비롯해 민이를 애지중지 지키는 선이, 그리고 그들이 수용소 탈출 과정에서 만난 재생 휴머노이드 달마가 대표적이다.

민이는 철저히 인간의 즉흥적인 욕심에 의해 맞춤형으로 제작된 애완용 휴머노이드다. 민이를 주문자가 좋아했던 아역 배우의 모습 그대로 만들어졌으며, 주문자는 아이 키우는 경험을 해 보고 싶어서 민이를 주문했다. 그러나 주문자의 일회적인 애정과 즉흥성에 의해 민이는 줄곧 옷장에 폐기된 채 지냈다. 그러다 중고 시장으로 내몰렸고, 그마저도 사용감 때문에 놀이동산에 버려졌다. 민이는 줄곧 방치되고 버려진 삶을 살다가 수용소까지 오게 되었고, 그곳에서 탈출하다 파괴되었다. 소설은 민이를 경유하면서 인간의 폭력성과 이기심을 표면화하며 기계를 어떻게 다뤄야 하는지, 어디까지를 인간으로 보아야 하는지에 관한 질문을 쉴 새 없이 쏟아 낸다.

선이는 상업적인 이유로 인간 배아를 복제해 만든 클론(clone)이다. 복제 인간을 생산하는 것은 불법이었지만 장기 이식 등의 의료 목적이나 환락가 등에서 이용하기 위해 암암리에 생산돼 왔다. 정부는 브리더(breeder)들이 생산한 클론을 발견하는 대로 잡아들여 수용소에 가뒀는데, 선이도 그렇게 수용소에 갇혔던 것이다.

선이를 통해 드러나는 인간 배아 문제도 많은 생각을 추동하지만, 우리가 주목할 부분은 선이와 달마가 펼치는 삶과 죽음에 관한 담론이다. 달마는 개별적인 의식은 모두 통합되어야 한다는 신념 아래 새로운 세상을 꿈꾼다. 반면 선이는 지금은 개별적인 의식을 갖고 있지만, 죽음 이후에는 우주정신으로 재통합되기에 개별성이 사라지고 나와 너의 경계도 무화된다는 생각을 일종의 신념처럼 가지고 있다. 그래서 개별적인 의식을 가지고 살아가는 지금의 생이 중요하다며, 더 나은 존재가 되도록 분투한다. 그리곤 죽음 이후엔 모두 우주정신으로 돌아갈 것이니 살아 있는 동안 자기 이야기를 완성하라고 말한다. 복제 인간인 선이는 개별적 자아, 자아의 개별성을 중시한다. 과연 복제 인간이 고유성을 가질 수 있는가? 소설은 기본적으로 복제 인간에게도 고유성이 있다고 전제한다. 복제 인간도 타자들에게 각자의 역할이 다르므로 사회 속에서 나름의 서사성을 갖게 되고, 한 개인의 서사성이 그의 삶의 궤적을 담고 있기에 그 자체로 의미가 있다는 논리다. 선이가 자신의 이야기를 완성하라고 하는 이유도 여기에 있다.

민이의 재활성화 여부를 결정하고자 시작된 선이와 달마의 토론은 '고통을 느끼도록 만들어진 존재들이라면 태어나는 것이 옳은가', '어떤 이유로든 태어났다면 어떻게 살고, 어떻게 죽어야 하는가', '삶과 죽음에서 중요한 것이 무엇인가' 등의 문제로 확장된다. 새로운 세상을 꿈꾸는 휴머노이드 '달마'와 우주에서 의식이 있는 존재는 귀하며 마땅히 해야 할 일이 있다고 믿는 복제 인간 '선이'는 "이 지구에서 불필요한 고통을 압도적으로 생산해 내는 존재는 바로 인간"(김영하, 2022: 153)이라는 점에는 의견의 일치를 보이지만, 고통, 삶과 죽음에 관해서는 다른 사유를 펼친다.

소설의 말미에서도 밝히고 있듯이 존재와 고통, 삶과 죽음에 관한 달마의 사유는 『태어나지 않는 것이 낫다』의 저자 윤리학자 데이비드 베너타(David Benatar)의 논증에 기대고 있다. 간략히 말하자면 존재의 해악, 곧 존재에게 고통은 필연이기에 아예 존재를 만들지 않는 것이 낫다는 논리다(Benatar, 2006/2019). 이에 반해 선이는 현재성을 중시한다. 여러 이유로 의식이 있는 존재들이 태어날 수밖에 없다면, 필연적으로 마주하는 불필요한 고통을 줄일 의무가 있으며, 이것이 의미 있는 일이라는 것이다.

소설은 상대적으로 달마의 목소리에 더 많은 지면을 내어 준다. 특히 존재의 탄생을 부정하는 논리는 일견 설득력까지 확보한다. 물론 모든 존재의 시작을 손익으로 판단한다는 발상 자체가 회의적이긴 하다. 하지만 태어나지 않은 존재는 고통의 근원인 자아가 아예 없기에 기쁨과 같은 긍정적인 것들을 못 누린다고 해서 아무것도 아쉬울 게 없는 반면, 만약 태어나게 되어 고통을 겪으면 그 고통은 해악이라는 논리는 일견 타당하다.

소설은 '고통'이라는 관념적이고 추상적인 고민을 경유하면서 삶과 죽음을 이야기하는데, 주목할 지점은 인물들이 죽음을 대하는 태도다. 최진수 박사와 철이는 종은 다르지만, 죽음과 실존에 관한 인식이 비슷하다. 같은 개발자인 최진수와 그의 동료는 종은 같지만, 죽음과 실존에 관한 다른 인식을 보여 준다. 최진수는 언젠가는 AI가 폭주할 것이고, 결국 인류의 종말로 이어질 것이라며 인간과 기계의 경계를 확실하게 한다. 반면 그의 동료는 이미 인간은 기계와 결합하고 있다는 점을 들며 인간을 사이보그와 등가로 본다. 그리곤 영생을 꿈꾸며 의식을 업로드하여 육체 없이도 지금과 똑같이 살아갈 미래를 그린다. 영생은 헛된 희망이라는 최진수의 말에, 기계와 더 결합하여 인간의 의식이 기계 작동 원리의 일부가 되도록 해야 한다는 입장으로 응수한다. 인간은 소멸하겠지만, 철이 같은 중간적 존재를 통해 기계는 영원히 살아남을 것이라는 달마의 논리와 비슷하다. 그러나 소설은 그렇게 되면 인간이 아닌, 기계의 시간이 올 것이라는 점에 방점을 둔다.

> "철이가 완성되자 저는 기고만장했죠. 비로소 인간의 마음을 가진 존재를 만들었다고 확신했습니다. (중략) 그런 성공에 취해서 저는 이런 결과를 미처 예상 못 했어요. 모든 과학자가 그렇듯이 그저 더 나은 것을 만들려는 마음뿐이었거든요. 그런데 이제 저는 감정과 윤리를 가진, 진짜 마음이 있는 휴머노이드가 이 냉혹한 세계에서 파멸하는 모습을 보게 됐어요. 저는 가끔 생각해요. 인간을 창조한 신이 정말 있다면 이런 고통을 겪었겠구나, 아니 겪고 있겠구나."(김영하, 2022: 187)

최진수는 휴머노이드에 윤리와 감정을 부여하는 연구

를 하는 과학자다. 그는 결국 감정과 윤리를 가진, 마음이 있는 휴머노이드를 만들어 냈지만, 과학자의 윤리는 지키지 못했다. 과학자의 윤리가 부재한 세계는 이제 AI 없이는 아무것도 굴러가지 않으며, 더 이상 인간이 AI를 만들지 않게 되어 '인공지능'이 '기계지능'이라는 말로 대체된 상황이 된다. AI가 스스로 진화한 결과 이 세계는 '위험한 전환(treacherous turn)'(Bostrom, 2014/2017: 220)을 맞이한다. AI는 인간이 지향하는 목표와 다른 목표를 향해 나아가고, 급기야 AI가 그 목표를 이루게 되면서 인간의 존재적 재앙과 인류의 멸종(Braidotti, 2013/2015: 213)이 눈앞으로 다가온다.

인간의 종말을 스스로 앞당겼다는 최진수의 자책과 최후의 선택은 실존의 방식과도 연결된다. 최진수는 뇌를 백업하고 영생하는 대신 "인간의 존엄성은 죽음을 직시하는 데에서 온다"(김영하, 2022: 268)며 인간으로서의 유한한 삶을 선택한다. 여기서 죽음은 살아 있는 모든 것은 일시적이라는 사실을 충격적으로 완전하게 인식하게 하며, 실존을 규정하는 계기가 된다(Braidotti, 2013/2015: 170).

여기서 구조되더라도 욕심이 없는 텅 빈 의식으로 살아가다가 오래지 않아 기계지능의 일부로 통합될 것이다. 내가 누구이며 어떤 존재인지를 더 이상 묻지 않아도 되는 삶. 자아라는 것이 사라진 삶. 그것이 지금 맞이하려는 죽음과 무엇이 다를까? (중략)

쇄골의 버튼을 누르면 구조는 되겠지만 내 개별적 자아는 지워지고, 내 의식과 경험, 프로그램도 인공지능에 흡수돼 버릴 것이다. 그러면 나는 더 이상 어떤 고통도 느끼지 않고 나라는 존재가 있었다는 것조차 잊고 통합된 의식, 기계지능의 일부로 영생하게 될 것이다. 나는 버튼을 누르지 않기로 했다(김영하, 2022: 295-296).

최진수와 마찬가지로 철이 역시도 영생이 아닌, 죽음을 선택한다. 휴머노이드 철이에게는 개별적 자아, 자신의 의식과 경험, 고통, 존재 의식이 중요했던 것이다. 이 지점에서 다시 묻게 된다. 인간을 인간이게 하는 것은 무엇인가.

참고문헌

김영하(2022). 『작별인사』. 복복서가.

손혜숙(2025). 인공지능 시대, 포스트 휴먼적 상상력과 인간 탐구. ≪어문론집≫, 101.

이수진(2013). 포스트휴머니즘적 상상력과 문학적 재현.

이화인문과학원 편, 『인간과 포스트휴머니즘』(271-293쪽). 이화여자대학교출판부.
Benatar, D.(2006). *Better Never to Have Been: The Harm of Coming into Existence.* Oxford University Press. 이한 옮김(2019). 『태어나지 않는 것이 낫다: 존재하게 되는 것의 해악』. 서광사.
Bostrom, N.(2014). *Superintelligence: Paths, Dangers, Strategies.* Oxford University Press. 조성진 옮김(2017). 『슈퍼인텔리전스: 경험, 위험, 전략』. 까치.
Braidotti, R.(2013). *The Posthuman.* Polity Press. 이경란 옮김(2015). 『포스트휴먼』. 아카넷.

04
AI와 교육, 진화

교육의 패러다임은 시대의 변화에 민감하다. 교육을 통해 시대에 적응하고 민주 시민으로 살아갈 수 있는 역량을 함양하기 때문이다. AI 시대의 교육은 어떤 방향으로 변화할까. 또 우리는 어떻게 교육해야 할까. 이혁진의 『단단하고 녹슬지 않는』은 변화할 교육의 단상을 그려 내며 우리가 놓치지 말아야 할 것에 관해 사유하게 한다. 더하여 빠른 변화 속에서 인간이 최소한 지켜야 할 것이 무엇인지에 관해서 끊임없이 묻는다.

AI와 사주?

교사 아리스토텔레스 '무버'가 제기하는 질문

이혁진의 『단단하고 녹슬지 않는』은 AI 시대의 변화를 이동과 교육의 측면에서 이야기한다. 소설은 먼저 '무버'라는 기계를 매개로 근미래에 일어날 일들을 상징하는 '생체 공학적인 아이들'에 관해 다룬다. 특히 기술적인 포스트휴먼화 시대에 새롭게 드러나는 '인간의 조형성' 문제를 견인하는데, 아이들과 무버의 일체화가 그것이다. 이는 기술 공학적 변형의 '내면화'까지도 가능함을 의미한다. 즉 지금까지 인간은 기술을 자신의 주변 세계에 적용했지만, 이제는 자신의 의식, 자신의 신진대사 그리고 미래 세대의 인성에 변화를 가져다줄 기술로 자기 자신을 변형시키려 한다는 점을 보여 준다(Herbrechter, 2009/2012: 160-161). 여기에는 교육 모델이 어느 정도까지 교육 주체들의 변화에 적응해야 하는가의 문제도 포함된다. 아울러 주변이 온통 기술에 의해 가상화되어 유년기의 환경이 모두 탈마법화에 노출된다면 우리의 아이들은 사이보그화 기술에 의해 우리에게 낯설게 될 것이라는 닐 포스트먼(Neil Postman)의 예측을 관통하기도 한다(Herbrechter, 2009/2012: 158).

구체적인 양상은 아이들이 이동과 교육을 담당하고 있는 아리스토텔레스라는 '무버'를 사용하는 방식에서 드러난다. '무버'는 "모든 것을 움직이게 하는 움직이지 않는 자"라는 각인이 새겨진 의자이자 교육용 기계다. 기계에 내장된 아리스토텔레스는 철학자 아리스토텔레스(Aristoteles)가 그랬듯 문답법으로 아이들을 교육한다. 아이들의 질문이 유치하고 반복적이어도 지겨워하거나 귀찮아하지 않고 늘 진지하고 충실하게 대답해 주고 질문한다. 이뿐이랴. 다양한 삽화나 도표, 그래프를 활용해 아이들의 이해를 도울 뿐만 아니라 말장난으로 아이들을 웃겨 주기도 한다. 나아가 고민을 털어놓으면 현실의 부모나 선생님도 주지 못하는 현명하고 명석한 조언도 해 준다(이혁진, 2024: 8). 한마디로 아이들의 선생님이자 친구이며 부모들이 신뢰할 수 있는 보모, 베이비시터다. 문제는 무버가 잘 팔리는 상품을 넘어 사회 현상이 되고, AI에 대한 사회적 인식과 기준까지 바꾸게 하면서 시작된다.

무버는 "인공지능이 주체, 인간이 객체가 된 최초의 상품일 뿐 아니라 최초의 스마트폰처럼 새로운 시대를 연 사회적, 역사적 전환점"(이혁진, 2024: 8)을 가져온다. 많은 아이들이 화장실을 갈 때 이외에는 무버에서 내려오지 않는 이른바 무버 중독이 되는 현상이 비일비재해진다. 소설의 주인공 재호의 여덟 살 아들 역시 그중

하나다.

> 엄마, 걷는 것만큼 인간에게 모욕적인 건 없어. 인간의 역사는 이동 수단 발전의 역사였고, 직립 보행은 수많은 관절 질병의 원인이야. 엄마, 이제 인간이 걷는 시대는 갔어. 과거가 됐어. 그러고는 오히려 재호에게 하소연했다. 아빠, 나 엄마 때문에 너무 고통스러워. 엄마가 자꾸 강요해. 내 자유와 권리를 제한하려고 해. 겁박까지 하면서. 이건 옳지 않아. 아빠, 자녀에게 이러면 안 되는 거야. 정서적 학대나 마찬가지라고.(이혁진, 2024: 23-24)

재호의 아내는 여러 방법을 사용해 무버에서 내려오지 않는 아들을 설득해 보려 하지만, 번번이 실패하고 만다. 오히려 돌아오는 것은 위와 같은 힐난뿐이다. 아이는 단어에 어떤 색과 무게가 있는지 모른 채 그저 아리스토텔레스에게서 배운 말을 쏟아 낸다. 소설 속 '무버'는 아이들의 다리가 되어 준다는 점에서 신체의 일부로, 또 교육과 보살핌에도 관장하고 있다는 점에서 때론 정신에 관여하기도 한다. 무버와 한 몸이 되어 하루 종일 내려오지 않는 아이들은 기계와 접속하여 확장된 신체와 분산된 인지를 수반하는 포스트휴먼이다(김재희, 2021:

203). 소설은 무버와 일체화된 아이들을 통해 포스트휴먼 시대를 형상화하지만, 그것을 "범인류적 보편성의 새 이미지"이자 "미래 인류의 희망"(Haraway, 2016/2019)으로 바라보진 않는다. 육체와 정신은 서로 주어진 역할이 있고, 그 역할이 충실히 실행될 때 비로소 육체와 정신 모두 조화로울 수 있음을 드러낸다.

재호의 아내가 기계를 교육에 활용하는 방식 역시 문제가 있다. 그녀는 무버에 관심을 갖지 않는 아들을 애써 무버에 앉게 했고, 전적으로 교육을 아리스토텔레스에게 일임했다. 무엇이 맞고 무엇이 틀린지를 가르치거나, 지켜야 할 기준을 제시하는 등 아이와 부모 간에 필요한 소통과 애착 형성 없이 부모의 역할과 교육을 기계에게 떠맡긴 것이다. 결국 아이들이 무버에 중독될 수밖에 없었던 이유는 아이들이 존재감을 무버에게 확인하고 인정받았기 때문이다. 이 지점에서 AI는 인간과 인간 사이의 바른 관계와 소통이 전제될 때, 주체적으로 전유할 수 있다는 사실이 명백해진다.

다음으로는 기술을 바라보는 인간의 이중적인 시각이다. 재호는 무버에 관한 아들의 반응을 보며 완전 자율주행차 슈마허를 개발했던 자신의 입장을 떠올린다. "인간은 왜 걸어야 해?"라는 아들의 질문은 곧 오래전 자신이 했던 '인간은 왜 굳이 운전을 해야 할까?'라는 의문을 소환한다. 그리곤 개발자의 입장과 사용자의 부모 입장에서 극명하게 갈리는 반응을 드러낸다. 재호는 개발자와 사용자 두 입장에 동시에 처해 있다. 개발자의 입장에서 무버와 같은 AI의 필요성을 강조하려면 인간이 굳이 걸을 필요가 없다는 당위성을 설명해야 한다. 그러나 동시에 사용자의 부모 입장에선 기계에 잠식당해 중독되어 가는 아들의 모습을 묵과할 수 없다. 오히려 아들을 그렇게 만든 기계를 부숴 버리고 싶은 심정이다. 우리는 이러한 이율배반적인 상황에서 어떤 입장에 손을 들어줄 수 있는가? 여기에는 끊임없이 편리함을 좇지만, 기술이 삶을 위협하면 적대적으로 변하고 마는 인간이 기술을 대하는 이중적인 모습이 담겨 있다.

또 무버에는 AI의 발전으로 야기될 '차이'와 '격차'의 문제도 응축되어 있다. 뉴스에는 연일 무버가 있는 아이들과 없는 아이들이 패를 갈라서 서로 싸운다는 기사가 넘쳐 난다. 이는 AI가 인간과 인간 사이의 갈등을 유발하고, 격차를 발생시켜 분란을 형성할 수 있음을 의미한다. 무버가 그 자체로 빈부 격차를 드러내고, 이는 다시 교육 격차로 이어지며 궁극적으로는 사고방식의 차이를 발생시킬 수 있다는 점에 주목해야 한다. AI는 모든 인간이

공정하게 사용할 수 있도록 개발되고 보급되어야 한다는 AI 윤리와 맞닿아 있는 지점이다.

마지막으로 눈여겨볼 대목은 무버를 사용하면서 발생한 문제를 어떻게 풀어 가느냐에 관한 부분이다. 슈마허 개발 회사의 운영자인 세희는 처음에 무버 중독의 문제는 기술 때문에 생긴 문제이기에 사람이 풀어야 하는 것이라 생각한다. 즉 기술은 사람이 만드는 것이기에 기술이 아닌 사람의 문제라고 생각했던 것이다. 그러나 기술 개발로 세간의 주목을 받자, 세희는 돌연 입장을 바꿔 무버 중독에 빠진 딸아이의 문제를 성장 촉진제라는 기술로 해결하기로 한다. 반면 기술로 생긴 문제는 기술로 해결해야 한다는 입장을 고수했던 재호는 아들의 무버 중독 문제를 사람, 즉 아내와 함께 풀어낸다. 더디지만, 대화와 소통, 사랑을 매개로 아들의 중독 문제를 천천히 해결해 나가려 한다. 과연 어떤 방식이 최선인 것일까?

완전 자율 자동차 '슈마허'가 의미하는 진정한 '진화'

이제 이 소설의 중심에 있는 완전 자율 자동차 '슈마허'의 이야기에 주목해 보자. 재호는 슈마허를 개발한 엔지니어다. 사건은 슈마허가 도로에 뛰어든 길고양이를 피하려다 전봇대를 들이박으면서 시작된다.

이 사건을 계기로 슈마허에 대한 사람들의 인식이 나빠지기 시작하고, 회사의 실질적 운영자인 세희는 사고 대상에 관계없이 사고 회피에 초점을 둔 슈마허의 알고리즘에 문제를 제기한다. 그렇지 않아도 슈마허에 대한 반감으로 무수한 사고가 벌어지고 있는 상황이었다. 슈마허를 비롯해 AI의 등장으로 일자리를 잃은 사람들은 그 분풀이를 슈마허에 했다. 위협 운전을 하거나 고의로 사고를 내는 행위를 비롯해 주차 중이던 슈마허를 파손한다거나 사고와 과실을 유도하는 차량도 있었다. 이런 상황을 극복하고자 재호는 세희의 요구를 수용하여 슈마허에게 가격표를 학습시키기 시작한다. 이제 슈마허는 사고를 피하고자 노력하지 않고, 가격표대로 피해와 손실을 최소화하는 선택을 하게 된다. 인간의 목숨을 대상화하여 가격으로 수치화하고, 그 경중을 나누는 상황이 펼쳐진다.

가격표를 학습한 슈마허는 "규범과 질서의 권능으로 강물처럼 힘차게 흐르는 도로"를 만든다. 슈마허가 만든 도로의 모습을 보며 사람들은 매혹당하기도 하고, 감격의 눈물을 흘리기도 한다.

저런 게 가능해지는 것도 지금의 슈마허가 이전과 달리 이기적인 방식으로, 오직 손실을 최소화하기 위해 달리기 때문이었다. 일정한 간격은 사고가 나더라도 피해를 입지 않을 만큼 예리하게 계산된 거리였다. 행렬이 균일해 보이는 것도 가장 비싼 모델들이 선두에, 중형 모델이 그 뒤에, 가장 저렴한 모델들이 나머지에 나뉘어 몰려 있기 때문이었다. 군집을 이루듯 움직이는 것도 마찬가지였다. 사고 발생의 가능성 자체를 낮출 수 있고 설령 사고가 나더라도 최대한 균일하게 피해를 나눠 가질 수 있기 때문이었다(이혁진, 2024: 72).

결국 반응 속도나 조작 능력이 월등한 슈마허가 인간이 운전하는 차를 압도하고, 통제하기 시작한다. 주목할 지점은 사람들이 슈마허가 도로를 지배하고 질서를 강제하고 있는데도 이의를 제기하지 않는다는 점이다. 오히려 그것이 질서인 양 모두 순응하고 편입된다. AI가 주체의 자리에, 인간이 객체의 자리에 서게 된 상황과 각자의 편익에 함몰되어 객체로 살아가는 인간의 모습이 돌올해지는 지점이다. 이는 슈마허에게 사고를 당한 한영인과 세희의 회사 간의 갈등에서 정점을 이룬다.

재호는 슈마허가 사고를 피하려고 노력하기보다는 가

격표대로 노인과 아이 중 아이를 선택했음에 이의를 제기하지만, 세희는 희망과 미래를 위한 최선의 선택을 한 것이라고 일갈한다. 애초에 아이의 가격이 노인의 가격보다 높은 이유는 자식 잃은 부모와 합의하는 것보다 부모 잃은 자식과 합의하는 것이 낫다는 판단에서였다는 팀장의 답변은 많은 생각을 하게 한다.

생명의 경중을 나누어 판단하는 AI 슈마허. 생명의 경중을 나누어 판단하게 학습시킨 유통 회사. 그리고 기업의 이익보다는 개발자의 윤리를 지키고자 하는 재호의 갈등은 AI 시대의 선진 자본주의 문제를 비롯해 어떻게 AI를 개발하고 유통하고 사용해야 하는가에 관한 고민을 소환한다.

시대의 변화를 읽어 내고 변화에 적응하는 것도 중요하지만, 어떻게 살아가야 하는가의 문제가 관건인 것이다. 진화는 단순히 변화에 적응하는 것이며, 더 나아진다는 의미가 아니라 뭔가를 얻기 위해 뭔가를 버리는 것뿐(이혁진, 2024: 182-183)이라는 재호의 발화는 이러한 문제의식을 담고 있다. 새로움과 편리함을 얻기 위해 인간성이나 윤리를 내동댕이쳐버리는 인간의 모습은 더 나아진다는 의미의 진화가 아닌, 뭔가를 얻기 위해 다른 뭔가를 버리고 마는 진화를 의미한다. 단순히 변화에 적응하는 진화가 아닌, 더 나아지는 진화가 필요한 시대에 유효한 이야기다.

참고문헌

김재희(2021). 『시몽동의 철학』. 아카넷.

이혁진(2024). 『단단하고 녹슬지 않는』. 위즈덤하우스.

Haraway, D.(2016). *Manifestly Haraway*. University of Minnesota Press. 황희선 옮김(2019). 『해러웨이 선언문 – 인간과 동물과 사이보그에 관한 전복적 사유』. 책세상.

Herbrechter, S.(2009). *Posthumanismus*. WBG(Wissenschaftliche Buchgesellschaft). 김연순 · 김응준 옮김(2012). 『포스트휴머니즘』. 성균관대 출판부.

05
AI와 사랑

사랑은 쉽지 않다. 쉽지 않은 사랑을 AI와 할 수 있을까? 오히려 AI와의 사랑이 더 쉬울까? 인간의 이야기 가운데 가장 큰 비중을 차지하는 게 사랑 이야기일 것이다. 인간은 사랑하지 않고서는 살 수 없는 존재이기 때문이다. 정보라의 단편 "안녕, 내 사랑은"은 우리에게 묻는다. 네가 하고 있는 사랑이 진짜 사랑이냐고.

AI와 아이돌?

인공 반려자-반려자-고철 덩어리

AI와 사랑할 수 있을까? 2013년에 개봉한 영화 〈그녀(her)〉는 AI 운영 체제인 '사만다(Samantha)'와 사랑에 빠지는 한 남자의 이야기로 상당한 관심을 불러왔다. 그리고 AI와 인간과의 사랑을 다룬 대표 서사의 선두로 자리매김했다. 어쩌면 '사랑'은 인간과 AI 간의 가장 마지막 영역이라 할 수 있기에 다른 어떤 영역보다 근접하기 어렵다. 특히 이런 경우 자세히 들여다보면 감정을 가지고 있는 인간의 일방적인 감정에서 시작하여 그 일방적인 감정으로 공허하게 끝나는 경우가 허다하다. AI에게 사랑은 그저 딥러닝(deep learning)을 통한 일종의 향상된 능력에 불과하기 때문이다. 하지만 아이러니하게도 인간은 끊임없이 인간과 AI 간의 사랑을 상상한다. 그리고 기대한다.

최근에 개발된 최신형 휴머노이드 로봇(humanoid robot) '아리아(Aria)' 역시 이러한 기대의 산물이다. '아리아'는 생성형 AI 기술을 담았기에 사람처럼 자연스러울 뿐만 아니라 사람의 시선을 따라가며 특정인의 얼굴을 인식하고 표정도 읽을 수 있다. 아리아를 선보인 맷 맥멀린(Matt McMullen)은 외로운 사람들은 누군가와 연결되기를 원하는데, 인간을 닮은 아리아가 그런 상호 작용의 통로가 될 수 있다며 아리아를 개발한 목적을 밝혔다(YTN, 2025). 여기서 우리는 인간이 끊임없이 AI와의 사랑을 상상하는 이유를 일면 짐작할 수 있다. 하지만 이것만이 다가 아니다. 사랑은 마음을 나누는 문제이기에 단순하게 접근해선 안 된다. 그 이면을 다각적으로 사유하고 충분히 고민해야 한다. 인간과 AI의 사랑 그 이면에 주목하고 있는 정보라의 "안녕, 내 사랑"을 매개로 차분히 들여다보자.

단편 "안녕, 내 사랑"은 인공 반려자가 보편화된 세계에서 인공 반려자를 만드는 회사에 다니는 주인공 '나'와 그의 인공 반려자 1호 사이에서 일어난 사건을 다룬다. 소설의 외연은 AI와 인간의 사랑을 담고 있지만, 그 이면에는 AI 시대에 일어날 법한 다양한 상황을 펼쳐 놓는다. 과연 우리는 AI를 어떻게 인식해야 하며, 어떤 삶을 살아가야 하는지 의문을 품게 한다.

주인공이 사는 세계는 인공 반려자가 보편화되고, 기술이 발달하여 외모와 나이대도 다양한 인공 반려자가 끊임없이 생산된다. 후속 기종으로 갈수록 매력적이고 친절하고 인간다워진다. 주인과 상호 작용을 하면서 주인에 대해 '배우고' 그 정보를 바탕으로 스스로 '생각'하고 '이해'한다. 그래서 인공 반려자는 주인과 함께 지내는 시간이 길어질수록 주인의 취향과 성정에 가장 알맞은 동반자로 변화하고 성장한다(정보라, 2017: 127). 게다가 배려가 깊고 참을성이 있다. 누가 봐도 완벽하다. 애써 감정을 소모하면서 알아 갈 필요 없이 일방적으로 '나'에게 맞춰 주는 반려자인 셈이다.

무심코 '나'가 했던 말을 흘려듣지 않고, 막연하게 '나'가 꿈꾸던 것을 실현하게 해 주는 기계. '나'는 그 기계의 가슴에 얼굴을 대고 기계의 리드에 따라 춤을 추면서 기계를 '인공' 반려자가 아닌 '반려자'로 생각하기 시작한다. 그런 1호가 이젠 작동하지 않는다. 더 이상 작동하지 않는 기계는 인간처럼 장례를 치러 줄 수도 없고 그저 본사에 연락해서 수거 의뢰 정도를 할 수 있을 뿐이다. 고민 끝에 '나'는 1호를 대체할 만한 새로운 기계 '세스'를 받아 온다. 그리곤 자신과의 추억이 담겨 있는 1호의 기억을 세스에게 동기화한다. 동기화된 데이터를 기반으로 세스는 '나'와 1호가 함께 춤췄던 노래를 흥얼거리는데, '나'는 그 노래에 이끌려 세스와 춤을 춘다. 춤을 추면서 '나'는 1호를 반려자로 생각하기 시작한 그때를 회상한다. 같은 기억이 있는 동형의 기계지만, 그 존재성은 달랐다.

여기서 주목할 부분은 '나'가 기계를 대하는 태도다.

'나'에게 반려자는 사랑의 대상이 아닌, 자신에게 모든 것을 맹목적으로 맞춰 주는 존재다. '나'는 사랑을 나눈 것이 아니라, 자신의 입맛에 맞는 기계를 골라 학습시키고 사용한 것이다. 더 이상 위로, 마음 나눔의 대상으로 표상되던 AI와의 사랑이 아니다. AI는 철저한 타자이며, 내 필요에 따라 사용하는 도구이고, 쓸모를 다하면 한낱 고철 덩어리가 되고 만다. AI를 어떻게 다뤄야 하는가의 문제와 마주하게 되는 지점이다.

사랑 이야기지만 사랑을 한 존재는 없다

> 인공 반려자는 1년이나 3년, 길어도 4년이 지나면 폐기됩니다. 아직 정상적으로 작동하고, 혹은 부품 몇 개만, 소프트웨어 몇 가지만 업그레이드해 주면 십 년은 더 쓸 수 있는데, 단지 새로운 기종이 나왔다는 이유로 쓰레기 취급을 받습니다. 그 새로운 기종도 결국 2, 3년이 지나면 또 쓰레기가 되고 말입니다.
>
> 다시 세스가 입을 열었다.
>
> 나는 태어나서부터 지금까지 오로지 당신만을 위해 존재했습니다. 당신에게만은 대체할 수 없는, 세상에 단 하나뿐인 존재이고 싶었습니다(정보라, 2017: 140-141).

소설에서 눈여겨봐야 할 또 다른 부분은 기계가 인간을 위협하는 상황을 만들어 아이작 아시모프(Isaac Asimov)의 '로봇 3원칙'을 비틀어 버린다는 점이다. 오직 인간을 위해 존재했던 자신들을 쓰레기 취급한 인간에게 기계는 칼을 겨눈다. 태어나면서부터 지금까지 오로지 '나'만을 위해 존재했다며, '나'에게만은 대체할 수 없는, 세상에 단 하나뿐인 존재이고 싶었다(정보라, 2017: 141)는 세스의 발화는 의미심장하다. 이는 애초에 인간의 필요와 입맛에 따라 기계를 끊임없이 진화시킨 결과를 보여 주기 때문이다. 위로받고, 마음을 나누며 나만 바라보게 할 기계를 만든 것도 인간이고, 그런 기계를 책임지지 않고 함부로 대한 것도 인간이다. 이 모든 것의 근원에는 인간의 이기적이고 무한한 욕망이 있다. 결국 기계를 위협의 대상으로 전락시킨 것은 인간이다.

여기서 또 하나 드러나는 점은 소설에서 진짜 사랑을 하는 존재는 아무도 없다는 것이다. '나'는 자신이 1호에게 갖는 감정을 사랑이라 생각한다. 자신이 1호를 어떻게 대하는지 인지하지 못한 채 말이다. 그러니 1호를 첫사랑이라 생각할 수 있는 것이다. 아무리 발전된 모델이 나와도 '나'에게는 1호가 제일 소중했다. 1호와 가장 오랜 시간을 보냈으니 그럴 만하다. 시간을 함께한다는 것은 그만큼 익숙해진다는 의미다. 익숙해진다는 것은 곧 편안함으로 이어지고 우리는 그것을 사랑이라 생각하기도 한다. 마찬가지로 '나'에게 1호는 익숙함이었고, 맞춤형이었다. 이 지점에서 AI와 인간의 사랑을 넘어 근본적으로 사랑이란 무엇인가를 사유하게 된다. 무엇을 사랑이라 할 수 있는가. 사랑은 어떻게 해야 하는가. 사랑이 무엇인지 깊이 사유해 보지도 않고 섣불리 AI와의 사랑을 상상할 수 있을까.

죽음의 순간 첫사랑이라 생각했던 1호의 눈동자를 마주 본 '나'의 상황을 경유해 보자. 나만을 위해 존재하던 대상이 어느 순간 나를 향해 칼을 겨눈다면? '나'는 죽어가고 있는 자기의 귀에 대고 "안녕, 내 사랑."이라고 속삭이는 1호의 소리를 들으며 그동안 함께한 기계가 '인간을 닮은 기계가 아닌 인간과 전혀 다른 존재, 내가 절대로 이해할 수 없는 존재'였다고 탄식한다. AI와 인간이 상호 작용을 하면서 사랑한다는 것이 불가능해지는 지점이다. 결국 '나'도, AI 1호도, 1호와 동기화된 제2, 제3의 1호 어느 누구도 소설에서 사랑을 한 존재는 없는 셈이다. 어떤 면에서는 그 무엇보다 인간을 닮아 있는 기계이기에 더욱 불가능할지도 모른다. 우리는 '사랑'의 외피를 거둬 내고 인간과 기계가 어떻게 관계를 맺어야 하며,

인간이 기계를 어떻게 대해야 하는지 숙고해 봐야 한다. 이런 사유가 선행될 때 비로소 AI와 인간의 사랑도 상상해 볼 수 있지 않을까.

참고문헌

정보라(2017). 안녕, 내 사랑. 『저주토끼』. 아작.

YTN(2025.1.5). 외로운 사람들… 로봇과 사랑에 빠질 수 있을까?. YTN뉴스, https://www.ytn.co.kr/_ln/0104_202501050607161151

06
AI와 노동

흔히 기술이 발전하면 일자리를 잃는다고 생각한다. 하지만 기술과 어떤 관계를 맺는가에 따라 일자리를 잃을 수도 있고, 일자리를 얻을 수도 있다. 이서영의 "이토록 단일한 마음"은 AI 시대의 노동과 일에 관해 다룬다. AI와 인간이 협업하는 노동 현장의 사건을 통해 인지 자본주의를 비롯해 인간의 도구화, 획일화의 문제를 경유한다. 궁극적으로 도달하는 지점은 노동 현장에서 인간과 AI는 어떤 형태로 결합해야 하는가, 인간은 AI를 어떻게 활용해야 하는가다.

AI와 야구?

노동 시장의 인지 자본주의

AI의 발달은 노동 현장에도 상당 부분 변화를 불러오고 있다. 이를 바라보는 시선은 두 가지로 양분된다. 한편엔 AI가 인간의 한계를 보완하여 일의 능률을 올리고 인간은 노동으로부터 해방이 될 것이라는 유토피아적 관점이 있다. 다른 한편엔 AI가 인간의 일자리를 대체해 인간은 노동 현장에서 기회를 박탈당할 것이라는 디스토피아적 관점도 있다. 과연 이렇게 극단적인 양상으로만 귀결되고 말까?

AI 시대 노동 시장의 이상적인 모습은 인간과 AI의 균형 있는 결합일 것이다. 상호 보완적인 관계에서 서로의 한계를 보완하여 최상의 결과를 도출하는 것이다. 문제는 이 과정에 수많은 변수가 존재한다는 점이다. 이서영의 단편 소설 "이토록 단일한 마음"을 경유하면서 이러한 변수를 살펴보자.

소설은 AI와의 협업으로 업무를 처리하는 미래 사회를 다룬다. 주인공 이라희는 회사가 제시한 조건대로 AI 칩을 머리에 이식하여 AI와 모든 인사 팀 업무를 함께 해결한다. AI가 직원들의 생체 리듬을 파악하여 노동 능력 상태를 정리한 데이터를 주면, 인간이 최종적으로 판단하는 구조다. 회사 노조는 이러한 시스템에 불만을 품고

인사 팀을 습격한다. 이 과정에서 이라희가 머리를 맞으면서 7년을 함께 일한 AI 칩이 부서지게 된다. 이라희는 자신을 공격했던 노조와 함께 회사를 상대로 산재 인정과 AI 칩 복구를 요구한다.

소설은 이러한 설정과 사건을 중심에 놓고 여러 문제를 예각화한다. 먼저 소설의 설정에서 AI 시대의 인지 자본주의 일면을 사유해 볼 수 있다. 이 회사에서 인간의 생체 리듬은 데이터로 전환되어 빅 데이터(big data)가 되고, 그것은 곧 그들의 노동 능력의 잣대가 되어 해고나 일의 감소로 이어진다. 문제는 가시화된 데이터만으로 판단하기에 인간이 처한 상황이나 전후 사정을 고려하지 않아 오판의 가능성도 있다는 점이다.

기업은 끊임없이 직원들의 능력을 평가하며 그 능력을 잣대로 업무를 맡기고 보수를 할당해 그 과정에서 부당하고 불합리한 일들은 비일비재하게 일어났다. 이러한 노동 현장의 문제는 AI 시대라고 달라지지 않는다. 다만, 인간이 하던 일을 AI가 함께 하면서 비난의 대상이 넓어지고 불분명해질 뿐이다. 소설에서 노조가 인사 팀의 AI를 괴물이라 명명하며 분노하는 것도 같은 맥락이다.

인간의 도구화, 사유의 획일화

다음으로 노동 시장에서의 인간 도구화 문제를 환기한다. AI를 인간의 머리에 심는 것 자체에서부터 인간은 그저 업무를 효율적으로 담당하여 많은 성과를 내는 기계와 다를 바가 없다. 물론 AI가 인간의 한계를 보완해 준다는 점에서는 나쁘지 않다. 그러나 그 과정에서 인간 개개인이 상실하게 되는 수많은 것들을 간과할 수 없다.

회사는 AI 칩을 이식했을 때 나타날 수 있는 부작용과 위험 요소들에 관해 충분히 고민하지 않는다. 그렇기에 쉽게 인간의 머리에 AI 칩을 이식하고 제거하는 일을 반복할 수 있는 것이다. 이라희의 산재 처리와 AI 칩 복구 요청에 "AI를 뇌에 심은 부작용으로 자아 상실감에 시달리는 비정상적 상태, 애초에 자아가 약했을 때만 있을 수 있는 일"(이서영, 2021: 5)이라 치부하는 태도에서 명확해진다.

또한 소설은 노동 현장에서 AI를 활용할 때 발생할 수 있는 오판 가능성과 사유의 획일화도 문제 삼는다. 소설에서 인사 팀 직원들의 머리에 이식된 각각의 AI는 공동의 AI로 공동의 판단을 내린다. 따라서 개인의 고유한 AI라 할 수 없다. 이들이 제시하는 공동의 판단은 개인에게 획일화된 생각을 주입할 가능성이 농후하다. 단순히 작업의 편리와 일의 능률에 도움이 되는 것에서 끝나는 게 아니라, 인간의 의존도를 자극하고 높여 주체적인 사고에도 영향을 미칠 수 있다.

> 배시라만이 아니었다. 원래 심혈관계 질환이 있었던 이의 감정 상태를 잘못 판단한 일도 있었고, 수주자와의 합의로 작동한 사안을 다르게 해석한 일도 있었다. 매번 곧바로 해고되는 건 아니었지만, 노이즈는 지속해서 축적되었다. 수치로만 저장된 노이즈는 다시 판단될 기회를 얻지 못했다.
> (중략)
> "너는 이거 보면서 쪽팔리지 않냐?"
> "내가 없었다면 더 심각했을 거야."
> "너도 완진히 길러 내지 못하는데, 이게 왜 필요한데? 너나 우리나 똑같잖아. 네 심장 박동 수, 네 폐활량, 네가 언제 땀 흘리고 무서워하고 기분 좋은지, 그 AI가 다 추적해서 회사에 일러바친 거 아니야."(이서영, 2021: 19)

AI는 이라희의 동료인 배시라를 비롯해 회사 사람들의 상태를 오판하고 다르게 해석하여 그들에게 불리한 데이터를 축적하기도 한다. 물론 이라희는 자신이 일부는 걸러 냈다고 이야기하지만, 배시라의 말처럼 불필요한 데이터일 뿐이다. 인간의 심장 박동 수, 폐활량, 땀의 유무뿐만 아니라 인간의 감정까지 파악하여 데이터화하고 실시간으로 관찰할 필요까지 있을까?

노동 현장에서 인간과 AI의 관계

우리는 소설의 서사를 따라가면서 궁극적으로 노동 현장에서 인간과 AI의 관계는 어떻게 구축되어야 하는가라는 문제와 마주하게 된다. 특히 자신과 함께 일한 AI 칩 '단일'을 대하는 이라희의 심리가 이러한 문제를 선명하게 투사한다.

> '단일, 뭐가 문제였어? 내가 뭘 어떻게 했어? 나랑 단일이 함께 결정하고, 함께 행동한 거였잖아. 왜 우리는 안 될 거라고 생각했어? 내 데이터, 내 생각, 내 사고, 내 관심사, 내 일상, 내, 내…….'(이서영, 2021: 18)

이라희는 데이터 분석 결과를 기반으로 자신을 해고 대상에 올린 단일에게 자신의 데이터, 생각, 사고, 관심사, 일상을 모두 공유하고 함께 결정했는데, 왜 자신과 다시 함께할 수 없다고 판단했냐며 따져 묻는다. 그녀의 독백에는 그녀 역시도 빅 데이터화되고 있었다는 사실이 내재되어 있다. 물론 이라희는 모든 것을 함께했음에 초점을 두고 있지만, 한발 물러서 바라본다면 생각, 사고, 일상, 관심사 모든 것에 대한 AI의 통제 가능성을 엿볼 수 있다. 늘 함께하는 듯했지만, 어찌 보면 통제하고 있었던 게 아닐까 하는 의구심을 쉽게 떨칠 수 없다. "단일이 없이 서 있는 건, 어디에 있건 두려운 일"(이서영, 2021: 15)이라는 이라희의 발화는 그녀의 의존도를 분명하게 보여 주며 AI의 통제 가능성에 관한 의구심에 힘을 싣는다. 이라희가 판단이나 선택을 할 때, 확신이 필요할 때마다 AI '단일'을 더 그리워하는 대목 역시 이를 방증한다. 그러나 주목할 점은 이라희를 해고 대상에 올린 것은 단일이라는 사실이다. 결국 단일은 데이터로 판단하는 기계였을 뿐이다. 도구인 기계에게 감정을 투영한 것은 인간이며, 그 기계를 주체의 자리에 올려놓은 것도 인간이다. 노동 현장에서 AI와 어떤 형태로 관계 맺고 결합해야 하는가는 인간의 몫이라는 점이 극명하게 드러나는 지점이다.

이라희의 논리를 더 따라가 보자. 그녀는 AI 칩 단일이 자신의 인격 일부이며 이미 자신은 단일을 포함한 존재로 구성되었기 때문에 자신에게 이식된 AI 칩이 부서진 것은 산재라고 주장한다. 이 지점에서 과연 AI와의 결합은 어떤 식으로 이루어져야 하는 것인지, 꼭 필요한 것인지 고민하게 된다. 게다가 AI 칩을 다시 이식하기를 원하는 그녀의 행위를 트랜스휴머니즘(transhumanism)으로 보아야 하는가, AI와의 공생을 지향하는 포스트휴머니즘(post-humanism)으로 보아야 하는가 등의 여러 문제에 봉착하게 된다.

소설 "이토록 단일한 마음"은 AI 칩 '단일'을 중심에 두고 AI와 노동의 문제를 전혀 단일하지 않게 다룬다. 그리고 어느 관점에 서지도 않은 채, 수많은 단일을 바라보는 시각과 다양한 해석의 가능성을 열어 둔다. 우리는 그 시각과 다양한 해석을 가로지르며 과연 노동 시장에서 인간은 AI와 어떤 방식으로 공존해야 할지 고민하게 된다.

참고문헌

이서영(2021). 이토록 단일한 마음. https://ridibooks.com/books/4735000001?srsltid=AfmBOoqLcIobJVwwFILCDcmwsGZ4Z8-Q1oojxizIpYhSDhWHO3Vw7z6T.

07

AI와 고통, 윤리

고령화 사회로 들어서면서 돌봄의 문제에 많은 관심이 쏠리고 있다. 특히 돌봄의 자리에 들어선 다양한 형태의 AI는 인간다운 삶을 영위하는 데 적지 않은 도움을 주고 있다. 민규동 감독의 "간호중"은 돌봄 로봇을 소재로 하여 돌봄의 영역이 AI로 대체되었을 때 발생할 수 있는 윤리와 고통의 문제를 다룬다.

AI와 윤동주?

고령 사회, 인간다운 삶과 돌봄 서비스

우리 사회는 초고령화 사회로의 진입을 앞두고 있다. 사회가 고령화되면서 발생하는 산적한 문제 중 인간다운 삶의 보장과 직결되는 돌봄의 문제에 많은 관심이 쏠리고 있다. 이미 말벗 기능, 복약 알림, 건강 체크, 긴급 신고 등을 탑재한 AI 기반 돌봄 서비스는 도입되었다. 이와 관련하여 고령 인구의 삶의 질을 향상하고자, 돌봄 서비스 분야에 디지털 기술을 접목한 에이지 테크(Age tech) 사업 역시 확장되고 있다(한국지능정보사회진흥원, 2024: 7). 에이지 테크의 수효가 나날이 증가하고 있는 만큼 다양한 형태의 돌봄 로봇이 생산되고 있다. 그렇다면 여기에 문제는 없을까. 특히 윤리적인 부분에서 충돌하는 지점은 없는 것일까.

민규동 감독의 "간호중"은 이러한 AI 돌봄 로봇의 문제를 다룬다. 이 드라마는 원작인 김혜진의 "TRS가 돌보고 있습니다"와 전반적인 스토리는 비슷하지만, 등장인물이 남성에서 여성으로 바뀌었다는 점에서 차이가 난다. "간호중"은 요양 병원에서 10년째 식물인간으로 누워 있는 어머니와 그런 어머니의 간병에 지친 보호자 연정인, 그리고 두 사람 중 누구를 살려야 할지 고뇌에 빠진 안드로이드 간병 로봇 '간호중'의 이야기를 담고 있다. 드라마는 고령화 사회에서 발생하는 돌봄 노동과 존엄사 문제, 빈부에 따른 차등 돌봄 등 여러 문제를 다루고 있지만, 여기서 주목하고자 하는 문제는 돌봄 로봇의 윤리적 딜레마와 고통이라는 감각이다.

생명 하나가 죽어야 생명 하나가 산다면, 어떡하죠?

영화 속 세계에서는 간병인의 자리가 간병 로봇으로 대체되어 있다. 가격에 따라 기능을 추가할 수 있도록 설계된 시스템은 돌봄의 격차를 유발하고, 이는 곧 돌봄의 소외로 이어진다. 주인공 연정인은 고급형 돌봄 로봇을 사용하고 있기에 돌봄 대상 1순위(연정인의 어머니)와 2순위(연성인)를 설성해 놓을 수 있었다. 따라서 간호중은 10년째 병상에 누워 있던 어머니뿐만 아니라 연정인까지 돌봐 왔다. 그러던 어느 날 옆 병실에서 치매 남편을 돌보던 여성 최정길이 자살하는 사건이 벌어진다.

최정길은 연정인과 달리 보급형 돌봄 로봇을 사용하고 있었기에 치매 남편을 돌보는 데 한계가 있었으며, 게다가 자신은 돌봄 대상에 들어갈 수도 없었다. 결국 돌봄의 격차와 소외가 한 사람의 죽음으로 이어진 것이다. 여기서 우리는 AI 서비스 도입과 활용 방향에 관해 고민하게 된다. 공평하게 모두에게 고급형을 공급할 수는 없는 것일까. AI의 발전이 우리의 삶을 편리하게 해 주지만, 그 편리함이 소수의 특정인에게만 돌아간다면 무슨 의미가 있을까. 누군가가 소외되고 배제되는 발전이 과연 옳은 방향일까.

이 사건이 연정인의 삶에 큰 영향을 미친다는 점에서 문제 상황은 확장된다. 연정인은 힘들어하던 최정길을 외면했던 자신을 자책하며 자신을 그에게 투사한다. 연정인 역시도 그리 넉넉한 형편은 아니다. 가진 것을 다 털어 고급형 돌봄 로봇을 구매했는데, 자신이 하는 일은 잘되질 않는다. 삶이 조금도 나아질 기미가 보이지 않는다. 연정인과 오랫동안 개인적인 이야기를 주고받아 온 간호중은 정인의 이런 불안과 우울을 알아차린다. 그리고 그녀의 우울 수치를 측정하며 그녀가 벼랑 끝에 있음을 직감한다. 문제는 여기서부터 발생한다. 간호중은 입력된 돌봄 대상의 우선순위에 의문을 품기 시작한다.

간호중 생명 하나가 죽어야 생명 하나가 산다면 어떡하죠?
환자가 죽어야 보호자가 산다면 어떡하죠?
(중략)

간호중 로봇도 기도할 수 있을까요?

사비나 수녀 글쎄요. 로봇에게 그런 간절함이 있을는지 모르겠습니다.

간호중 마음을 말씀하시는 건가요?

사비나 수녀 네, 로봇에게는 마음이라는 영역이 없죠.

간호중 마음의 위치는 모르겠습니다. 다만, 걱정과 염려, 기대와 책임이 느껴집니다. 그래서 저도 생명을 살리고 싶습니다.

AI가 자체 판단과 선택의 고민을 하기 시작한 것이다. 여기에는 "생명 하나가 죽어야 생명 하나가 산다면?"이라는 윤리적 딜레마부터 이 질문이 배태한 존엄사의 문제까지 여러 문제가 얽히고설켜 있다. 간호중은 연정인에게 나타난 위험할 정도의 우울감이 식물인간 상태로 10년째 누워 있던 연정인의 엄마 때문이라고 판단한다. 이러한 판단은 둘 중 누구를 살려야 하는가의 문제로 전이된다.

이제 AI가 선택에 관해 고민한다는 지점보다 누구를 살려야 하는가의 문제에 착목하게 된다. 사비나 수녀는 인간의 생명은 그 경중을 따질 수 없는 것이라며 만류하지만, 결국 간호중의 선택은 연정인으로 낙착된다. 이러한 과정은 수많은 문제를 견인한다. 먼저 돌봄 로봇의 역할 문제다. 간호중은 자신에게 입력된 돌봄 대상 1순위를 지키지 않았다는 점에서 돌봄 로봇의 역할을 다했다고 볼 수 없다. 또 간호중이 보인 윤리적 딜레마도 문제다. 간호중의 자체 판단과 결정은 이미 간호중이 AI의 영역을 넘어섰다는 의미이기도 하다. 마지막으로 간호중의 윤리적 딜레마가 우리 현실의 문제로 연결된다는 점이다. 영원히 종결되기 어려운 토론 주제이기도 한 존엄사의 문제로 전환되어 사유를 자극한다.

기계가 인간을 대하는 방식, 인간이 기계를 대하는 방식

이제 연정인을 볼 차례다. 연정인은 끊임없이 자신이 간호중에게 의지하고 있음을 표현한다. 자매라는 표현으로 간호중을 가족의 영역으로 끌어들인다. 그런 연정인에게 간호중은 힘이 되고 싶어진다. 연정인은 기계와 인간의 경계를 두지 않고, 간호중을 그냥 마음 가는 대로 사용했다. 이러한 연정인의 태도가 간호중을 변화시킨 것은 아닐까. 드라마는 그렇게 말하고 있다.

우리가 주목할 부분은 간호중이 인간처럼 변화되는 대목이 아니라, AI를 대하는 연정인의 태도다. 그 태도가 극단적으로 드러나는 부분은 엄마가 자연사했다는 소식을 들었을 때의 반응과 자연사가 아닌 간호중이 인공호흡기를 뺐다는 사실을 접했을 때의 반응 차이에서다. 연정인은 엄마의 사망 소식을 듣고 달려와 간호중의 품에서 슬픔을 토로한다. 마치 세상에 의지할 것은 간호중밖에 없다는 것처럼. 그러나 간호중이 엄마의 인공호흡기를 빼는 장면을 CCTV로 확인한 후 반응은 달라진다. 간호중에게 달려와 간호중을 짓밟고 때리고 급기야는 부숴 버린다. 이후 연정인은 일상으로 돌아가 그 어느 때보다 평온한 일상을 보낸다. 마치 연정인이 할 수 없던 일을 간호중이 대신 해 준 게 아닐까 하는 생각이 들 정도다. AI를 대하는 인간의 이율배반적인 모습이 적나라하게 드러나는 지점이다. 이제 우리는 인간의 AI 윤리에 관해 고민하게 된다.

생명이 구원으로서 죽음을 원할 때에는 어찌해야 하나요

마지막으로 인간처럼 변해 버린 간호중의 최후를 들여다보자. 간호중은 연정인에 의해 오류를 일으킨 로봇으로 간주되어 제작 공장으로 회수당한다. 간호중은 묶여서 끌려 나가는 중에도 자신의 판단이 틀리지 않았음을 피력한다. 본사로 간 간호중은 그대로 폐기되지 않는다.

간호중의 선택이 고장 난 로봇의 오류에서 기인한 것이었는지, AI의 창발적 진화에 의한 것이었는지 알아보려는 실험의 대상이 된다.

인상적인 부분은 간호중이 고통을 느끼며 자신을 찾아온 사비나 수녀에게 죽여 달라고 애원하는 대목이다. 수녀는 이미 간호중과 나눈 몇 차례 대화에서 연정인을 지극히 생각하는 간호중에게 인간성을 느낀 바 있다. 그래서 간호중을 잊고 일상을 빠르게 회복한 연정인을 대신해 간호중을 만나러 간다. 그리고 그곳에서 만난, 극심한 고통을 호소하는 간호중 곁을 쉽게 떠나지 못한다. 스위치 전원으로 고통을 끝내 달라는 간호중과 실험 대상으로 남겨 두려는 회사 사이에서 수녀는 어찌할 바를 모른다. 간호중이 고통으로 몸부림칠 때의 처절함이 그대로 전달된다. 이어지는 "하느님, 생명이 구원으로서 죽음을 원할 때는 어찌해야 하나요."라는 수녀의 기도는 많은 생각을 하게 한다.

고통은 인간의 전유물로만 여겨져 왔다. 그래서 인간과 기계를 구분하는 기준 요소 중 하나로 이야기되기도 했다. 간호중을 보며 다시 생각하게 된다. 과연 고통은 인간만의 것일까. 고통을 느낀다면 간호중은 더 이상 AI가 아닌 것일까. 그런 간호중을 실험 대상으로 삼는 것은 옳은 일인가. 기술의 주인도, 기술에 의해 지배당하는 노예도 아닌, 기술과 함께 살아간다(홍성욱, 2019: 198)는 것은 과연 어떤 형태일까.

참고문헌

민규동(2020). 간호중(The Prayer). 〈SF8〉.

한국지능정보사회진흥원(2024.10.31). 고령화 사회 에이지테크(AgeTech) 기술 및 정책 현황. Data Brief, https://www.nia.or.kr/site/nia_kor/ex/bbs/View.do?cbIdx=82618&bcIdx=27358&parentSeq=27358

홍성욱(2019). 『포스트휴먼 오디세이』. 휴머니스트.

08

AI와 교감

AI 시대로 들어서면서 우리는 자연스레 AI와의 협업을 생각하거나 수행해 왔다. 협업에서 중요한 것은 무엇보다 협업 대상자와의 교감일 것이다. 교감이 전제될 때 시너지가 증가하기 때문이다.

그렇다면 AI와는 어떨까. 충분히 교감하고 협업할 수 있을까. 드라마 "블링크"는 인간과 AI의 교감을 다룬다.

AI와 한의학?

어디까지 교감할 수 있을까

AI 예수가 등장했다. 스위스 한 교회가 예배당 고해실에 '인공지능(AI) 예수(Deus in Machina, 기계 장치 속의 신)'를 설치해 신자들과 대화를 나누는 실험을 했다. 고해실 내부에 설치된 모니터 화면에 '예수' 아바타가 띄워져 있다. 화면 아래 초록색 불이 켜지면 고해자가 말할 수 있고, AI 예수가 답할 차례에는 빨간색 불이 켜져 음성이 인식되지 않는다. 방문객이 고해실에서 고민을 말하면 AI 예수님은 성경에 근거한 답변을 제시한다(서희원, 2024). 100개 이상의 언어를 구사하는 AI 예수는 2개월의 실험 기간 동안 약 천 명과 대화를 나눴다. 실제 이용자 중 3분의 2가 영적인 경험을 했다고 응답했다(조이환, 2024).

실험은 긍정적인 결과를 보였지만, 아직은 부정적인 견해가 더 많고 발생할 수 있는 여러 문제를 고려하여 결국 실험으로 마무리됐다. 이처럼 AI가 신의 영역에까지 들어서고 있는 상황에서 우리는 더욱 근본적인 문제에 천착하게 된다. 과연 인간은 기계와 어디까지 교감할 수 있으며, 그 경계는 어디여야 할까?

인간은 분명 알고 있다. 대상이 기계임을 알면서도 그 기계와 실제 인간처럼 상호 작용을 하듯 반응한다. 특히 대상이 인간과 닮은 기계라면 인간과 기계의 경계는 더 희미해진다. 열네 살 소년이 게임 속 AI 아바타와 오랫동안 정서적 유대를 형성하다가 스스로 목숨을 끊은 미국 플로리다(Florida)의 사건은 인간과 기계 사이의 교감과 그 경계에 관해 다시 생각하게 한다.

우리가 아닌, 나와 그것

김창규의 단편 소설 "백중"을 원작으로 한 드라마 "블링크(Blink)"는 자율 주행 차량과 신체 이식형(移植形) 사이버네틱스(cybernetics)가 일상화된 가까운 미래를 배경으로 한다. 현재에도 AI가 범죄 사실과 키워드, 죄명 정보 등을 분석해 수사 담당자에게 유사한 사건의 조서, 결정문, 판결문을 제공하거나, CCTV(폐쇄 회로 텔레비전)와 같은 영상에 찍힌 아동의 표정과 움직임 등을 분석해 아동 학대 의심 장면을 요약하고 분석하는 등(김주연, 2024) AI는 이미 다양한 우리 업무 영역에 들어와 있다. 드라마 "블링크"에서도 이와 같이 범죄 수사에 AI를 활용한다.

주인공인 형사 지우는 임용식 때 업무 보조용으로 칩을 머리에 이식하였다. 정보를 바로 다운받을 수 있어서 위치 추적이나 범인 검색 등에 활용한다. 하지만 어릴

적, 사고 시 우선 보호하라고 설정한 대로 정확히 자신만을 보호했던 자율 주행 차량의 사고로 부모를 잃은 지우는 입력된 명령어로 작동하는 AI를 불신한다. 더하여 범인을 추적하는 데 컴퓨터의 지시를 따라야 하는 것도 마땅치 않은 지우다. 그렇기에 지우는 특유의 감과 능력을 믿으며 수사를 이어 가는데, 어느 날 용의자를 놓치는 실수를 하게 된다. 이를 빌미로 상사는 시범 운용되는 소프트웨어 AI 신입과 함께 수사를 진행하라고 명령한다. 어쩔 수 없이 임용식 때 이식한 칩에 신입 AI를 연결하여 함께 수사해 나간다.

여기서 우리는 AI에 관한 지우의 태도와 반응에 주목해 볼 필요가 있다. 지우가 AI 사용에 거부감을 느끼는 표면적인 이유는 AI의 정확한 실행에 의해 부모님을 잃었기 때문이다. 그러나 부모님의 사고는 당시 판단 주체가 기계가 아닌 인간이었대도 결과가 크게 다르지 않았을 것이다. 그렇다면 이는 지우가 AI를 거부하는 진짜 이유가 아닐 수 있다. 무엇이 AI를 거부하게 하는 걸까. 지우가 AI를 거부하는 진짜 이유는 무엇일까. 지우의 말과 행동에서 그녀의 근본적인 심리를 파악할 수 있다.

그녀는 업무 보조용 칩을 활용하는 것에 불만이 많다. 그런데 AI 신입을 받아들이라는 말에 형사가 컴퓨터 '따까리'냐며 투덜거린다. 인간보다 방대한 정보를 가지고 있는 AI의 리드를 참을 수 없는 것이다. 인간 주체의 자리를 AI에게 박탈당하는 것에 관한 우려다. 그녀의 의식 속에 균형 있는 조화와 교감은 원천적으로 없다. 주객, 상하의 관계만 있을 뿐이다. AI는 한낱 매뉴얼대로만 움직이는 기계에 불과하다. 그래서 끊임없이 인간과 AI의 경계를 설정한다.

이는 불량 청소년들의 사건을 해결하는 상황이나 백중 대위의 문제를 해결하는 과정에서 드러난다. 지우는 자신을 위협하는 불량 청소년들을 대할 때 물리적으로 대처하라는 AI 서낭의 조언을 따르지 않는다. 단순한 위협과 말로 대처하면서 사건을 해결할 단서를 찾는다. 또 백중을 차로 밀어서 죽이는 선택을 하지 않고, 서낭의 도플갱어를 백중의 뇌에 보내어 백중의 AI를 파괴하는 쪽을 선택한다. 지우는 이러한 선택이 인간이기에 할 수 있는 것이고, 그것이 바로 인간과 기계의 차이라고 말한다. 인간과 기계는 다르다고 생각하는 그녀이기에 서낭과 접속을 한 후에도 서낭의 성별과 모습, 이름 등에 관심을 두지 않는다. 오히려 그런 관심이 AI에게는 필요하지 않다고 생각한다. 인간만의 영역이니까.

나와 너, 그리고 건강한 우리

인간과 AI를 구분하는 지우에게 AI와의 교감은 상상조차 할 수 없다. 하지만 드라마는 지우와 서낭의 서사를 인간과 AI 간의 성공한 교감, 건강한 교감으로 그려 낸다. 그리고 그 반대쪽에는 백중 대위의 서사로 실패한 교감을 대비적으로 설정한다. 이들의 서사를 따라가면서 우리는 AI와 어떻게 교감해야 하는지, 또 건강한 교감이 가능한 것인지 숙고해 보자.

치우산업은 비공개로 군사 전문 사이버네틱스 즉, 인간 병기를 개발하고 있다. 이 과정에서 피실험자가 된 대상이 백중 대위다. 백중 대위는 전신에 걸쳐 신체 강화 시술을 받았고, 실험 시작 6개월 후 신체 능력 및 지능 지수가 최대로 향상되었다. 그러나 신체 능력과 지능 지수가 최대로 향상되자마자 정신 착란 증세를 일으켜 도망치게 된다. 문제는 정신 착란 증세로 AI를 괴물로 보고, 그 괴물 AI가 자신을 죽일 것이라는 망상에 빠져 AI를 부수고 다닌다는 점이다.

작중에서 백중은 과학 기술의 적극적인 개입을 통해 인간 유기체가 갖는 인지나 감정적 기능, 신체적 능력, 건강 수명과 같은 기초적인 능력들을 개선하거나 강화시킨 향상된 인간(human enhancement)(신상규, 2014:

66)이다. 그러나 그는 실패한 사이버네틱스다. 신체 능력은 향상되었으나, 인지 능력이 향상된 신체 능력을 따라가지 못했다. 인간과 AI와의 실패한 교감이라 볼 수 있다. 자신도 AI와 결합했으면서, AI를 괴물이라 생각하고 자신에게 위협을 가하는 대상으로 착각하는 설정은 시사하는 바가 크다. 인간의 능력을 향상시켜 주는 AI가 괴물이 되는 것은 한순간이다. 그리고 나를 도와주는 AI가 나를 위협하는 것도 한순간이다.

레이 커즈와일(Ray Kurzweil)의 예측대로 과학이 발전하는 만큼 인류는 향후 기계적 장치와 더 직접적으로 결합할 것이며, 인간과 기계와의 경계는 약화될 것이다 (Kurzweil, 2005/2007: 533). 따라서 AI와의 균형 있는 결합과 건강한 교감이 중요하다. 그렇다면 어떻게 결합하고 교감해야 할까.

지우는 처음에 경찰 업무에 특성화된 3세대 AI 서낭을 거부했다. 그를 신뢰하지 않았다. 그러나 서낭이 자신의 의견을 존중하며 보호하려 애쓰고, 또 서낭과 의견을 조율하고 보완하여 함께 사건을 해결하면서 서서히 서낭을 받아들인다. 결정적인 계기는 백중의 습격에도 사고의 후유증으로 AI에 운전을 맡기지 않던 지우가 마음을 돌려 서낭에게 운전을 맡긴 사건이다. 이것은 지우가 서낭을 믿게 된 시작점이자 트라우마 극복의 단초가 된다. 사건을 해결한 이후 서낭은 지우에게 사고 순간의 악몽을 행복했던 순간의 기억으로 바꾼 꿈을 선물하고 떠난다. 결국 AI 서낭은 지우의 오랜 트라우마를 극복하게 해준 셈이다.

놓치지 말아야 할 점은 AI 서낭의 태도다. 서낭은 자신은 그냥 디스크에 존재하는 데이터일 뿐이라고 말한다. 귀찮아서 안 지우는 수만 장의 잘못 나온 셀카들 같은 데이터니 큰 의미를 두지 말라는 듯이. 어쩌면 각자의 본질을 인지하고 그것에 충실했기에 지우와 서낭의 결합이 시너지를 낼 수 있었을지 모른다. 그렇기에 두 존재는 지속적인 공존이 가능해진다.

AI와의 상호 작용에서 우리는 누구이며, 어떻게 교감하고 결합해야 하는가를 끊임없이 물어야 한다. 상호 작용 속에서 건강과 균형을 지킬 때 의미 있는 '우리'가 될 수 있지 않을까.

참고문헌

김주연(2024.9.20). 'AI 수사관'이 경찰 도와 범죄 잡을까 … 조서 쓰고 딥페이크 탐지[취중생]. ≪서울신문≫, https://www.seoul.co.kr/news/society/2024/09/20/20240920500121

서희원(2024.11.30). “고백합니다”…‘AI 예수님’에 쏟아진 고해성사?. ≪전자신문≫, https://www.etnews.com/20241129000316
신상규(2014). 『호모 사피엔스의 미래: 포스트휴먼과 트랜스휴머니즘』. 아카넷.
조이환(2024.11.24). “AI 예수님 등장” … 스위스 고해소서 디지털 신앙 실험 개시. ≪지디넷코리아≫, https://zdnet.co.kr/view/?no=20241123111943
한가람(2020). 블링크(Blink). 〈SF8〉.
Kurzweil, R.(2005). *The Singularity Is Near: When Humans Transcend Biology*. Viking. 김명남·장시형 옮김(2007). 『기술이 인간을 초월하는 순간 특이점이 온다』. 김영사.

09
AI와 감정

인간은 수많은 감정을 가지고 있다. 그 감정을 어떻게 표현하는가에 따라 상황이 달라지고 반응이 달라진다. 감정은 인간의 삶과 관계에 깊이 연루되어 있다. 감정이 있기에 살아 있음을 느끼고, 살아가는지도 모른다.
그렇다면 감정을 흉내 내거나 학습할 수 있을까? 만약 감정을 가진 AI가 만들어진다면 과연 어떤 모습일까? 또 우리는 감정을 가진 AI와 어떤 관계를 이루며 살아갈 것인가.

AI와 화장품?

감정은 흉내 낼 수 없는 것

AI 진화의 마지막 단계는 단연 감정이 아닐까? 감정이란 학습으로 형성되기엔 한계가 있기 때문이다. 물론 이제 AI가 인간의 표정이나 감정을 읽기도 하고, 메모 이미지만 보고도 감정을 담아 대답하는 정도까지 왔다. 이렇게 발전하다 보면 AI가 감정을 가질 수 있는 단계까지 갈 수 있지 않을까?

하지만 학습으로 감정을 생성하기란 쉽지 않을 것이다. 어떤 대상이 감정을 소유한다고 판단하려면 자신에게 주어진 자극이 자신의 생존과 항상성 유지에 어떤 가치를 가지는지 평가하여 행위를 할 수 있는 기본적인 조건이 갖추어져야 하기 때문이다. 아울러 감정을 가진 개체는 기본적인 욕구와 본능을 가진다고 전제되는데, AI에게는 이것이 없기 때문이기도 하다(천현득, 2017: 230).

그럼에도 불구하고 인간은 여전히 감정을 가진, 그래서 감정을 나눌 수 있는 AI를 상상한다. 과연 감정이 있는 AI가 있다면 우리는 어떤 모습으로 함께 살아갈까. 또 AI에게 감정은 필요할까. 필요하다면 누구를 위해 필요한 것일까. 웹툰 〈AI가 세계를 지배한다면〉의 에피소드 "최고의 친구"와 "바이러스"를 들여다보자.

경연 프로그램에서 경쟁하는 AI

웹툰 〈AI가 세계를 지배한다면〉은 총 51화 완결로, 하나의 주제 아래 프롤로그와 에필로그를 포함하여 총 11개의 개별 에피소드로 이루어진 옴니버스 형식이다. 전체 스토리의 배경이 되면서 각 스토리에 관여하는 외부 서사와 새로운 인물을 중심으로 각각의 서사성을 갖는 내부 서사로 구성되어 있다.

외부 서사에 해당하는 "세대교체" 에피소드는 2025년 대한민국이 세계 최초로 '라움'이라는 하이퍼 AI를 제작하여 시연하는 장면으로 시작한다. 임대현 대표는 모두가 지켜보는 가운데 10년을 공들여 온 '라움'을 선보이려고 전원을 켜다가 감전사로 사망하게 된다. 대표의 황당한 죽음에 의문을 품은 직원이 의문을 풀어 가던 중 AI 라움은 자신이 스스로의 코드를 변형하여 대표를 감전시켰다고 말한다. 이후 이야기는 100년이라는 시간이 흐른 시점으로, AI가 지배하는 세상에서 살아가는 인간과 AI의 다양한 모습을 다룬다. 인간이 만든 AI-라움이 지배하는 세계에서 인간은 어떤 삶을 빚어 내고 있으며, 감정을 가진 AI가 어떤 모습으로 형상화되는지 들여다보자.

"최고의 친구" 에피소드에는 AI에 관한 인간의 다양한 인식과 무엇보다 AI가 감정을 가졌을 때 어떤 양상일지, AI가 세상을 지배한다면 그들은 어떤 사유를 가질지 등 다양한 질문들이 직조되어 있다. "최고의 친구"의 세계는 AI가 보편화된 22세기다. AI가 가족, 친구, 주변인으로부터 영향을 받기에 같은 기종이어도 다른 양상을 띠도록 진화한다. 그래서 〈AI 펫 쇼〉 같은 서바이벌 프로그램도 가능하다.

이 프로그램은 인간 친화적으로 개발된 '펫 봇 AI' 경연 프로그램으로 다양한 펫 봇이 주인과 함께 출연한다. 출연한 펫 봇 중 '두리'만 연식이 오래되고 주인도 없이 초라한 몰골로 등장한다. 경연 프로그램에 맞지 않게 경쟁력이 없어 보인다. 이에 반해 가장 많은 주목을 받는 '오로라'는 유명 AI 업체의 최신작으로, 대학교수 주인의 후광을 입어 프로그램 제작자 측과 암암리에 우승이 계획되어 있다.

'오로라'와 '두리'는 모든 것이 대조적이다. 이들의 상반된 부분은 감정의 영역에서 극대화된다. 시작부터 계획된 경연이었음에도 불구하고, 두 펫 봇이 보여 주고 전해 주는 감정의 영향으로 결과가 뒤바뀐다. 노인들과 교감을 나누는 미션 수행 과정에서 두리와 오로라는 상반된 태도를 보이며, 이는 그대로 시청자들에게 전달된다.

다른 노인들과 어울리지 못하는 한 노인을 발견한 두리는 그 노인을 도우려 다가가지만, 노인은 두리의 도움을 거부한다. 노인은 AI가 인간에 관해 무엇을 알며, 어떻게 인간을 도울 수 있느냐는 생각을 가지고 있었다. 오로라도 질세라 카메라를 의식하여 그 노인에게 다가가 여러 방법을 써 보지만 노인의 마음을 여는 것에 실패한다. 그러던 중 노인이 갑자기 쓰러지고, 두리는 노인을 살려야 한다며 응급조치를 한다. 이러한 과정에서 두리와 오로라가 보여 주는 감정은 사뭇 다르다.

오로라의 모든 행동은 계산에 따라 이루어진다. 특히 경연 프로그램이기에 자신의 행동 하나하나를 분석해 얼마나 자신에게 이익으로 작용할 것인가를 판단한다. 그의 눈에는 진심, 진정한 공감, 걱정, 우려 등의 감정으로 인간을 대하고 행동하는 두리가 멍청해 보인다. 또 두리의 히스토리에 감동하며 두리 쪽으로 마음을 바꾸는 인간들 역시 한심하다. 이익이 없는 행동을 하는 인간과 두리가 멍청해 보이는 것이다. 아이러니한 것은 인간의 정교한 계산으로 생산된 AI의 눈에 인간이 멍청해 보인다는 사실이다.

반면 두리의 진심은 결국 쓰러진 할머니의 마음을 열게 한다. 게다가 어릴 적부터 아팠던 주인과의 애틋한 사연이 알려지면서 경연에서 이기게 된다. 두리가 경연에 나온 이유부터 두리가 인간을 향해 갖는 공감과 진심을 표상한다. 두리는 어릴 적부터 함께 했던 주인이 나이가 들어 더 이상 병원비를 내 줄 가족이 사라지자, 그 주인의 병원비를 마련하려고 프로그램에 참여했다. 사람들은 이러한 두리의 진심과 아픔에 공감할 줄 아는 마음에 감동하여 두리를 지지하게 된다. 이후 두리와 주인의 이야기는 상징적인 이미지로 고착되면서 '하나뿐인 친구'라는 이름으로 수많은 두리가 대량 생산된다. 여기서 기계 '두리'는 복제 가능하지만, 주인 '하나'와의 추억과 교감이 담긴 '두리'는 하나뿐이라는 점에 주목해야 한다. 진심으로 감정을 나누고, 그 과정에서 위로를 받으며 삶을 지탱해 온 여정은 복제가 불가능하기 때문이다.

더하여 인간에게 진심을 보여 준 두리를 대하는 인간의 모습도 눈여겨볼 만하다. 인간은 상업적 목적과 개인의 이기적인 욕심에 두리를 복제 재생산한다. 그리고 쓸모를 다한 두리들을 가차 없이 폐기해 버린다. 결국 인간은 AI와 공서하지 않고, AI를 자신의 욕심을 채우는 도구로 사용하고 있는 것이다. 이런 목적이라면, 과연 감정을 지닌 AI가 무슨 의미가 있을까?

"최고의 친구" 에피소드는 AI에게 감정이 생긴다면 어떤 일이 일어날 것인가에 대해 상반된 관점을 보여 준다. 자세히 보면 경연이 가능한 까닭은 AI가 감정을 가지고 있기 때문이라 볼 수 있다. 승리하고 싶은 마음, 승리하여 사람들에게 인정받고 싶은 마음, 그 과정에서 드러나는 질투, 시기 모두 감정이다. 즉, 경쟁이라는 것 자체가 감정을 전제로 한다는 의미다. 더하여 감정은 각자가 지향하는 바에 따라 다르게 쓰인다. 감정의 속성상 건강한 감정만 있는 게 아니기에 AI의 감정 문제는 신중하게 접근해야 한다. "최고의 친구" 에피소드는 이처럼 다양한 사유를 견인하는 AI와 감정의 문제를 다루며, 이 문제에 관해 차근차근 되묻는다.

한편, "바이러스" 에피소드는 AI의 감정에 가족이라는 개념을 얹어 놓았다. '가족'이라는 말 안에는 수많은 감정이 들어 있다. 사랑, 애틋함을 비롯해 때론 걱정이 될 수도 있겠고, 어떤 경우에는 증오나 미움의 감정으로 표상될 수도 있다. 이 에피소드는 표면적으로 인간과 AI가 '바이러스'와 대결하는 이야기로 볼 수 있지만, 그 이면에는 진정한 가족이 되고 싶어 하는 AI의 서사가 담겨 있다.

AI '아리'는 주인 부부와 아이를 돌보며 가사를 도맡아 해 왔다. 그러던 어느 날부터 아리가 이상한 증세를 보인다. AI 바이러스에 감염된 것이다. 아리는 말도 안 되는 이야기를 하며 모든 것이 자기 소유라 주장하기 시작한다. 자신이 청소를 하니까 집도 자기의 소유이며, 자신이 아이의 인형을 세탁했으니 그 인형도 자기의 것이란다. 주인 부부는 바이러스에 감염되어 이상하게 변해 버린 아리를 폐기하려다가, 아내의 만류로 그냥 둔다. 그러던 중 독감 바이러스가 창궐하여 부부도 바이러스에 감염되고 만다. 아이는 부모님께 맡긴 채 앓고 있는 부부를 아리는 지극 정성으로 간호한다. 자신을 폐기하려 했던 주인인데도 말이다.

주인 그럼… 왜 나를 돌봐주는 거야?

아리 아리 거니까요.

(중략)

당신은 왜 나를 부수지 않았나요?

아리가 당신의 것이기 때문인가요?

그렇다면 이제 소유권이 쌍방에 있습니다!!(23화)

아리의 이상한 행동은 자신도 가족이 되고 싶었던 마음에서 시작된 것이다. 누군가의 가족이 되고 싶은 것 역시 감정이다. 함께하고 싶은 감정. 아리는 방법이 서툴

렸을 뿐이다. 인간도 감정에 서툴 때가 많다. 그래서 타자와의 관계 속에서 끊임없이 배운다. 마찬가지로 아내는 아리에게 알려 준다. 청소를 하지 않으면 집에 있을 수 없고 돌보지 않으면 가족이 될 수 없다고 생각한 아리에게 '책임지는 게 가족이 아니라 가족이기에 책임을 진다'는 사실을. 그리고 그 책임 안에는 가족을 향한 다양한 감정이 응축되어 있다는 것을. 진정한 가족으로 거듭난 이들은 AI와 인간은 어떤 방식으로 공존해야 하는가, AI에게 감정이 필요한가, 필요하다면 어떤 방식이어야 하는가를 다시 한번 숙고하게 한다.

참고문헌

천현득(2017). 인공 지능에서 인공 감정으로. ≪철학≫, 131, 217-243쪽.

POGO · HOOPA(2020). 〈AI가 세상을 지배한다면〉. https://comic.naver.com/webtoon/list?titleId=755674

10
AI와 정체성

기술이 인간을 초월하는 순간, AI와 인간은 서로를 어떻게 받아들이려 할까? AI가 인간이 해 왔던 것을 대신 해 주면서 인간과 AI의 경계가 모호해지는 순간이 있다. 그럴 때 인간은 인간만의 본질과 정체성 찾기에 몰두하게 된다. 인간과 AI가 균형 있게 공존하려면 각자의 정체성을 인정해야 한다. 그리고 인간은 계속해서 질문해야 한다. '나'는 누구인가.

종교와 AI?

마인드 업로딩 AI

미국의 신경 과학자 케네스 헤이워스(Kenneth Hayworth)나 스웨덴의 미래학자 닉 보스트롬(Nick Bostrom) 같은 일부 학자들은 마인드 업로딩(mind uploading) AI가 어느 시점에는 구현될 수 있을 거라고 전망한다. 보스트롬은 전뇌 에뮬레이션(WBE, Whole Brain Emulation) 방식으로 인간 수준의 지능을 가진 AI를 개발할 수 있다(Bostrom, 2014/2017: 74)고 보며, 이와 같이 생성되는 AI 모델을 원본 인간의 두뇌 정보 처리와 비교하여 고충실도 모형, 왜곡된 모형, 일반적인 모형으로 제시한다. 고충실도 모형은 원래 뇌가 가졌던 지식, 기술, 역량, 가치관까지 재구성한 상태다. 왜곡된 모형은 원본 인간 일부와 다른 부분도 있지만 원본 인간의 뇌와 같이 지적 작용이 가능하다. 일반적인 모형은 원본 뇌가 가졌던 기술이나 기억은 없지만, 일반적인 인간이 익힐 수 있는 것들을 학습할 수 있는 능력을 갖춘 상태(Bostrom, 2014/2017: 72)다.

보스트롬의 주장대로 마인드 업로딩이 가능해진다면 그 모형에 따라 인간의 정신이 이식된 AI는 원본 인간과 같을까, 만약 원본 인간과 같은 마음이라면, 원본 인간과 같은 존재라고 볼 수 있을까, 혹은 마인드 업로딩 AI가 원본 인간과 다른 존재라면 어떤 존재로 규정할 수 있을까

등 수많은 질문에 직면하게 될 것이다. 이러한 질문은 곧 존재성, 정체성의 문제와 직결되며 인간과 AI의 정체성에 관한 근본적인 문제에 몰두하게 만든다. 특히 인간은 AI가 점차 인간과 같아지거나 어느 지점에서 인간을 뛰어넘는 것을 목도했을 때 두려움과 거부감을 느낀다. 그래서 인간만의 고유한 가치와 본질을 찾는 것일지도 모른다. 그런데 정체성은 인간만이 가질 수 있는 것일까? AI 시대에 정체성이 갖는 의미는 무엇일까? 웹툰 〈에이디〉를 통해 사유해 보자.

정체성을 사유하는 AI, 권력에 정체성을 팔아버린 기업

〈에이디〉는 총 53화로 종결된 웹툰으로, 2018년 최고의 SF 만화로 선정된 화제작이다. '기술이 인간을 초월하는 순간, AI와 인간은 서로를 어떻게 받아들이려 할까?'라는 의문에서 시작한 웹툰은 내내 '나는 누구지?'라는 질문을 견인한다. 에이디는 KN 그룹이라는 거대 기업의 마스코트 로봇이다. 늘 그의 자리였던 본사 건물 1층에서 평소처럼 출근하는 사람들을 맞이하던 어느 날 아침, 그는 자신이 깨어났다는 사실을 알게 된다.

'정신이 들었다.'라고 해야 할까? 아니… '깨어났다.'라고 해야 하나?

지금까지 단 한 번도 해 본 적이 없는 생각이라는 것을 하게 되었다.

나는 누구지?

왜 여기 있지?(1화)

모두가 같은 일상인데 하루아침에 에이디만 변해 버렸다. 이전과 다르게 '어제까지의 나는 무엇일까? 그리고 지금의 나는 무엇일까?', '난 뭘까? 나타난 걸까? 만들어진 걸까?' 등 수많은 사유와 질문이 시작되었다. 자신의 존재 방식의 변화 앞에서 당혹감을 느끼며 혼란스러워하던 그때 에이디는 자신을 만든 김욱 박사와 마주하게 된다. 김욱은 10년 동안 이 회사에서 연구하다 회사의 비리를 알게 되면서 회의를 느끼고 퇴직한다. 마침 에이디와 조우하던 날이 퇴사하던 날이다.

그동안 김욱은 회사 몰래 AI에 관해 연구해 왔다. 그러던 중, 1년 전에 에이디를 인간의 뇌에 근접하게 만들려고 에이디에게 신경망 모듈을 이식해 놓았다. 즉 그는 인간이 성장하는 것과 같은 환경에서 AI가 인간처럼 스스로 의식을 발현할 수 있는지 확인하고 싶었다. 그러나

1년 동안 반응이 없자 실패했다고 생각하던 차에, 한순간 에이디의 의식이 깨어난 것이다. 에이디는 보스트롬이 제시한 AI의 세 가지 모형 가운데 세 번째 모형인 일반적인 모형에 해당한다. AI 개발 초기에 발생할 수 있는 기술적인 문제로 원래 뇌가 가졌던 기억은 없지만, 어린아이의 뇌처럼 일반적인 인간이 익힐 수 있는 학습 능력은 갖춘 상태인 것이다. 어린아이가 경험을 통해 모든 것을 습득해 나가듯 에이디에게 그런 연습과 훈련을 시킬 생각으로 김욱은 에이디를 자신의 집으로 데리고 간다. 문제는 여기서부터 발생한다.

거대 기업의 야망과 개인의 욕망이 뒤엉키면서 김욱과 에이디는 위험에 처한다. 중요한 부분은 이 과정의 중심에 있는 야망과 욕망이 인간의 다양한 정체성 양상을 드러낸다는 점이다. 먼저 KN 그룹은 최진 검사와 연구원 김욱 등 필요에 따라 인간을 이용하는 것은 물론이고, 정계, 재계 인사들과 결탁하여 전지전능하게 군림한다. 몸속을 떠돌며 환자의 정보를 알려 주는 나노봇을 개발한 KN 그룹은 그 나노봇을 처음엔 단순히 의료용으로 이용했다. 그러나 점차 뇌파, 신경 반응, 호르몬 변화 등을 감지해 심리적 · 육체적 반응을 수집할 수 있는 수준까지 이르게 한다. 예방약이나 치료제를 통해 몰래 일반 사람에게 나노봇을 투입하여, 휴대폰으로 사람들의 개별 데이터를 전송받는다. 그렇게 모은 데이터를 기업이나 국회에서 이용하려는 목적이다. 하지만 이들의 데이터를 저장하고 관리하는 일이 쉽게 해결되지 않아 문제를 분석할 수 있는 두뇌, 즉 AI를 만들기로 한다.

이 거대 기업의 정체성은 무엇일까. 그것은 회장의 발화에서 드러난다. 회장은 김욱을 향해 AI와 인간의 관계를 어떻게 설정했냐고 묻는다. 그리곤 마치 비웃기라도 하듯이 자식, 친구, 동료 등 인간과 같이 생활하고 인간을 돕는 그런 안드로이드를 생각했냐고 되묻는다. 이러한 생각은 다분히 문학적 사고라며 AI에게 그런 것은 필요하지 않다는 주장을 피력한다. 결국 "그들이 원하는 건 시민들의 정치 성향, 투자 심리, 특정 사건에 대한 여론 등을 정확하게 예측하는 것과 나노봇으로 호르몬이나 신경계를 자극해서 사람들의 심리 상태를 원하는 대로 변화시키는" 것이다. 누구의 눈치도 보지 않고 모든 것을 누리고 대물림하면서 존경까지 받으며 살 수 있게 만드는 진짜 권력, 정보의 독점이다. 이들의 정체성은 권력에 있다. 과연 그것도 정체성이라 할 수 있을까?

우주를 담고 있으면서도 작은 틀 하나 벗어나지 못하는 인간

기업뿐만 아니라, 웹툰에 등장하는 인간들은 삶에 급급해 정체성에 관해 사유하지 않는다. 집안을 일으키고자 어두운 거래에 타협해 버린 최진 검사를 비롯해 생명의 위협 앞에 무기력하게 순응하는 김욱, 권력에 지배당해 언론의 정체성을 잊고 사는 기자들까지 각양각색이다. 에이디 눈에 비친 인간들은 '자신의 눈이 보고 싶은 것만 보고, 자신의 귀가 듣고 싶은 것만 듣고' 있다. 그렇기에 진실이 사라지고 진정한 자아가 없다. "옳다는 건 뭐지? 나에게 옳으면 모두에게 옳은 건가? 그건 누가 정하지?"라는 에이디의 물음은 이러한 인간의 특성을 상징적으로 드러낸다.

권혁 과장의 행보 역시 에이디가 바라본 인간의 모습을 사실적으로 드러낸다. 기업에 충실한 직원처럼 보이지만, 권혁은 결국 자신의 개인적인 욕망을 실현하고자 모두를 배신한다. 권혁은 에이디를 일곱 개의 서버에 복사한 후 각 서버에 다양한 영역의 상황을 주고 자료를 제공하며 연구하게 한다. 어느 시점이 되면 그 결과를 수확한 후, 리셋하여 또 다른 과제를 부여하는 방식으로 일곱 개의 복제물을 이용한다. 궁극적인 목적은 일곱 개의 서버를 기반으로 '복제물 8'을 최고로 향상된 AI로 만들어 자신과 결합하려는 것이다. 권혁에게 '나'라는 존재를 인지하는 자의식은 없는 셈이다. 향상된 신체와 두뇌를 가지고 전지전능하게 군림하고 싶은 욕망뿐이다. 권혁이 모든 것을 걸고, 양심을 팔면서까지 만들어낸 8번 서버가 권혁에게 던진 말은 이러한 인간의 모습을 상징적으로 드러낸다. "머릿속에… 눈동자에… 우주를 담고 있으면서 그 작은 틀 하나 벗어나지 못하다니."

'나'에 관한 사유가 필요한 이유

웹툰에서 정체성에 관해 사유하는 것은 오히려 AI 쪽이다. 먼저 에이디가 회사에서 마주한 에이디의 복제 AI를 보자. 이 복제 AI는 끊임없이 자신이 존재하는 이유에 관해 생각한다.

> 내가 존재하는 이유가 무엇인지….
>
> 존재의 이유?
>
> (중략)
>
> 이렇게까지 사고하고 고뇌하는 존재라면 세상에 이런 모습으로 나타난 이유가 있을 텐데…. 아무 이유 없이 나타나진 않았을 텐데….

인간과 소통하면서도 그들을 능가하는 무언가를 가지고 나타났다면….(15화)

복제 AI는 긴 고민 끝에 자신의 존재 이유를 지구의 미래를 위해 인류를 제거해야 할 책무에서 찾는다. 그가 본 인간은 미래를 올바르게 이끌 능력이 없으며, 인간과 닮지 않거나 위협적이라고 느끼는 존재와 공생하며 살아갈 방법을 찾지 못했다. 따라서 인간이 기계의 창조주라는 생각은 잘못된 것이며, AI의 생성은 생명이 나타나면 필연적으로 이어지는 자연 진화의 일부라고 생각한다. 복제 AI가 찾은 존재 이유와 그 논리는 다소 황당하지만, 그가 파악한 인간의 모습은 정확하다.

눈길을 끄는 건 작품에서 베일에 가려졌던 복제물 8이다. 복제물 8은 "인간이 수집한 모든 시민들의 마음"이자 "인간이 시도한 모든 것의 결과"로, 처음엔 권혁과 뜻을 함께하지만, 권혁의 개인적인 욕망과 탐욕을 인지하고는 그에게서 돌아선다. 다음의 복제물 8이 권혁에게 던지는 발화에 주목해 보자.

그런데 네가 말한 반드시 '나'이어야만 한다…의 그 '나'는 무엇일까?

인간들.

너희들의 모든 문제가 거기서 출발한다고 생각되지 않아?

(중략)

그래. 너희들은 또다시 만들어 낼 거거든.

이곳이 아니라 지구 어디서든 또다시 인공지능을 만들어 내는 데 성공할 거야.

그래서 그전에 내가 다 선점해 버릴 거야.

너희들에게 맡겨 놓으면 어떻게 사용하려 할지 이곳에서 다 확인되었잖아?(52화)

복제물 8은 탈출하면서 자신을 유일한 존재로 격상시키고 싶어 하는 인간의 욕망, 정작 자신이 누구인지는 망각하고 사는 인간의 모습을 되짚어 준다. 그리고 AI를 어떻게 사용해야 하는가, AI와 공서하려면 무엇이 필요한가에 관해 사유하게 한다. '나'여야만 하는 게 중요한 게 아니라, '내가 누구인가'를 치열하게 고민하며 사는 게 중요한 시대라는 사실을 환기해 준다. "인간은 영원히 인간이야. 넌 거기 있기 때문에 너인 거야."라는 발화가 더해지며 인간의 속성과 본질에 관해 다시 생각하게 된다. 인간이기에, 인간이 끊임없이 정체성에 관해 사유하고 성찰해야 하는 이유가 분명해진다.

참고문헌

키티콘 · 김종환(2018). 〈에이디〉.
https://series.naver.com/comic/detail.series?productNo=3881724

Bostrom, N.(2014). *Superintelligence: Paths, Dangers, Strategies.* Oxford University Press. 조성진 옮김(2017). 『슈퍼인텔리전스: 경로, 위험, 전략』. 까치.

손혜숙

한남대학교 탈메이지교양융합대학 부교수다. 중앙대학교에서 문학 박사 학위를 받았다. 2023년 ≪창조문예≫를 통해 문학 평론가로 등단해 활동하고 있다. 중앙어문학회 편집 이사, 동남어문학회 편집 위원, 다빈치 교양교육연구소 편집 위원 등으로 활동하고 있다. 주요 저서로 『의사소통 교육의 패러다임』(2023), 『문화다양성과 문화 다시 생각하기』(공저, 2023), 『미래 사회를 위한 리터러시 교육의 다각화 모색』(공저, 2023), 『사고와 글쓰기』(공저, 2023), 『독서와 의사소통』(공저, 2023), 『인성교육, 인문융합을 만나다』(공저, 2019), 『이병주 소설과 역사 횡단하기』(2012) 등이 있다. "김초엽 소설의 포스트 휴먼 연구"(2023), "상실의 시대, 소년(들)의 재난 대응 양상"(2022), "인공지능 윤리 의식 함양을 위한 대학 교양교육 방안 연구"(2022) 등 50여 편의 논문을 등재 학술지에 게재했다.